子どもと本

松岡享子
Kyoko Matsuoka

岩波新書
1533

子ども時代は、どの子も幸せでなくてはなりません。
本は、子どもを幸せにするひとつの手だてなのです。

アイリーン・コルウェル

目次

一章　子どもと本とわたし　1
幼い日に本のたのしみを知ったのが、幸せのはじまりでした。

二章　子どもと本との出会いを助ける　51
暮らしのなかに本があること、おとなが読んでやること、子どもを本好きにするのに、これ以外の、そして、これ以上の手だてはありません。

三章　昔話のもっている魔法の力　97
昔話は、今でも、子どもがこころの奥深くで求めているものを、子どもによくわかる形でさし出しています。

四章　本を選ぶことの大切さとむつかしさ　151
だれかのために本を選ぶときに働くのは、基本的には親切心――多少おせっかいのまじった愛情――だと思います。

五章　子どもの読書を育てるために　193
子どもたちに、豊かで、質のよい読書を保障するには、社会が共同して、そのための仕組みをつくり、支えていくことが必要です。

あとがき　247

＊文中で挙げた人名、書名、その他については、巻末に説明があります。

イラスト＝古賀由紀子

一章　子どもと本とわたし

幼い日に本のたのしみを知ったのが、
幸せのはじまりでした。

子どもが好き、本が好き／字が読めるということ／ひとりでいること／とばし読みは子どもの特技／物語は子どものなかに眠っている感情や感覚を呼び起こす／疎開体験がもたらしたもの／戦後のどさくさは子どもには幸運？／遊びに遊んだ中学時代／一日一冊の高校時代／児童文学への興味の芽生え／library ということば／慶應義塾大学文学部図書館学科／図書館の存在に開眼、児童図書館員を志す／アメリカ留学／イーノック・プラット公共図書館での一年／大阪市立中央図書館／松の実文庫から東京子ども図書館へ

子どもが好き、本が好き　子どもと本。こうふたつのことばを並べて書いただけで、じんわりと幸せな気持ちになります。このふたつが、わたしのいちばん好きな、そして、いちばん大切に思うものだからです。

子どもが好き。わたしにとって、それは子どもがかわいいからとか、おもしろいからとか理由を挙げる以前の「好き」のように思われます。電車のなかで赤ちゃんを見ると、笑いかけたり、あやしたりしないではいられませんし、四月に新一年生の姿がテレビに映ると、それだけで涙腺がゆるみます。

「児童図書館員」という職業――日本では、まだ必ずしも広く認められた職業とはいえませんが――に就いて年月を経るあいだには、自分がこの職業に必要な適性をもっているかどうか、疑問に思うこともありました。いろいろ考えて悩みはじめると、ことが悲観的なところに行く前に、「でも、無条件で子どもが好きだもの」と思って問題にけりをつけたものです。ほかの適性や、望ましい資質はなかったとしても、「好き」ということは大事だし、少なくともこの職業に就くことを許される要件ではないか、と思ったからです。

本が好き。幸いなことに、これも、理由や、きっかけ抜きに、気がついたら好きだったというふうでした。父が本好きで、家には、ふつうの家庭よりは本がたくさんあったと思います。

八歳年上の姉のためには、ガラスの開き戸のついた本箱があって、それに子どもの本が並んでいました。でも、とりたてて親に本を読んでもらったり、お話をしてもらったりしたことはありません。ただ、かなり小さいときから字は読めたようです。

字が読める、というのは、人生の初めのころの画期的な出来事のはずですが、わたしの場合、なんの感激もなく、ツルッと通りこしてしまったのが残念です。何年か前、国際アンデルセン賞の作家賞を受けたイギリスの作家、エイダン・チェインバースさんが来日された折、自分は九歳近くまで字が読めなくて、知能に問題があると思われていた、というお話をなさっていました。そして、初めて字が読めた瞬間のことを鮮明に憶えている、と。そのとき手にしていたのは絵入りのお話の本で、男の子と女の子が海辺かどこかで探検ごっこをしている場面だったそうですが、突然、本のなかの子どもたちが立ち上がって動き出し、その子たちが交わしている会話の声が聞こえてきた、ということでした。ほんとうにふしぎな体験だったそうです。

また、あるところで、子どもたちにお話を語っている人たちと雑談をしていたとき、ひとりの方が、初めて字が読めた日のことをよく憶えている、といわれました。その前の晩、いつものように、お母さんに本を読んでもらって、もうくりかえし、くりかえし読んでもらってよく知っている本だったのに、それでも、その同じ本をなんどもなんども読んでとしつこくせがんで、しまいにおかあさんに叱られたのだそうです。でも、そのときから、もう何かが動きはじめている感じがあった。そして、翌朝、目が覚めたとき、「きょうは、すばらしいことが起こる」という予感がしたそうです！　そして、実際、すばらしいことが起こった。前の晩は、読んでもらうだけだった本が、すらすらと全部読めたというのです。憶えているからだろうと疑ったおかあさんが、ためしにほかの本を見せても、ちゃんと読めたので、びっくりされたとか。

いつともわからないうちに読めるようになっていたわたしには、こんなふうに劇的に、字が読めた瞬間を憶えている人の話を聞くと、羨ましい気がします。本を読んでもらった記憶がないのに、どうやって字を覚えたのか、それはわかりません。でも、ある日、母と町を歩いていて、牛乳屋さんの店の前にかかっていた看板の、太い筆で墨黒々と書かれていた「うしのちゝ」という文字を「ウシノチーチ」と、声をはりあげて読んだのに、母がびっくりして、「まあ、あんた字が読めるの」と、ひどく喜んでほめてくれたことがありました。もちろん、まだ学校に上がる前のことです。

わたしが看板を読むのを母がたいそう喜んでくれるとわかってからは、大きな声で看板を読むのが、母と出かけるときのたのしみになりました。このたのしみは、別のある日、ある看板を読んだときにおしまいになりました。薬局の前で、それと知らず婦人病の薬の宣伝文句（？）

を声高々に叫んだのです、「チノミチィー(血の道)」と。「まあ、漢字まで読めるの」と、ほめてもらえると思ったのに、母は、突然真っ赤になり、だまってしまいました。何かひどくまずいことをしたらしい、と気づいたわたしは、それから看板を読むことをしなくなりました！

いずれにしても、本が読めるためには、字が読めなくてはならないわけですが、わたしは、耳からことば——できれば、お話——を聞く機会がたくさんある子どもは、できるだけ字を覚えるのが遅いほうがいいと思っています。このことについては二章の「子どもと本との出会いを助ける」のなかでくわしくふれたいと思っています。

さきほどいったように、うちで本を読んでもらったという記憶はないのですが、わたしが憶えていないだけで、両親や、姉に読んでもらっていたのかもしれません。ごくぼんやりながら、母が、たぬきの出てくる話——いつも同じ話——をしてくれた記憶はあります。父は、せがめばきっと読んでくれたはずです。でも、憶えているのは、本を読んでくれた父ではなく、ふたつの懐中電灯に赤と青のインクで顔を描き、それを壁に映して、懐中電灯を近づけたり、遠ざけたり、角度を変えたりして、顔がいろんなふうに見えるようにして、影絵まがいの出しものをして見せてくれた父です。それにお話がついていたかどうか、それは憶えていません。父が自分の発明(?)に得意そうだったことは憶えています。

ひとりでいること

ときおり、「お小さいときは、どんな子どもだったのですか？」と、尋ねられることがあります。「変な子どもだったと思います」というのが、わたしの答えです。小さいときの写真を見ると、いつも眉根にしわを寄せていて、なんだかぼうっとしているふうです。今のわたしが見たら、きっと「おかしな子だな」と思うような子どもだったのではないかと思います。それは、きっと半分はここにいるけれど、半分はあちらにいたせいではないでしょうか。空想癖があるとか、そういうはっきりしたことではなくて、要するにぼんやりしていたのだと思います。あちらの世界で、せっせと何かしていたのかもしれませんが。

たしかに、ひとりでいることの好きな子でした。母が出かけるというと、姉はきまってついていきたがりましたが、わたしは「おるすばん」のほうを選びました。母がよく話してくれたことですが、あるとき、ちょっとのつもりで、わたしを家において出かけたら、思いのほか時間がかかってしまい、泣いているのではないかと気が気でなく、息せき切って帰ってみたら、わたしが、チリ紙をひねってたくさんの「ちょうちょ」をこしらえ、畳いっぱいに散らした紙の蝶の群れのまんなかにすわって、至極きげんよくしていたというのです。「それを見たら、涙が出た」と、母はよくいっていました。

ふたり姉妹で、わたしがものごころつくころには、姉はもう女学生でしたから、留守番の機会はたっぷりありました。二十年余り前、わたしは『子どもが孤独《ひとり》でいる時間《とき》』*という本を訳しましたが、これは、人間には、外からの刺激を受けずに、ひとりで静かに過ごす時間にしか起こらない、内的な発達があり、幼い子どもにも、いや幼い子どもにはとりわけ、そのような「独り居」の時間が必要だということを説いた本です。幼い日に、それと知らず、貴重なひとりの時間をたっぷりもっていたわたしは、幸せだったのだなあと、それを読んでしみじみ思ったことでした。外目にはただぼんやりしていると見える時間に、こころのなかではおそらくいろんなことが起こっているのでしょう。ひとりでいることは、本を読むためにも、本を読むのに必要な力を育てるためにも、本を読んだあと、その内容を消化するためにも、欠かせない大切なことだと思います。

そんな留守番のあるとき、わたしは、二階に上がって、大きな父の本棚を眺めていました。そして、なかでも特別分厚い、大きな本を取り出しました。それは、今から思うと、古今東西のいろんな有名な史実や、エピソードを集めた逸話大全といった類の本だったのでしょう。ひとつだけ、このとき読んで強く印象に残った物語があります。それは、フランスのお話で、こういうものでした。

──あるところに、子だくさんの貧しい家族があった。父親は早くに亡くなり、母親が働いて家計を支えていたが、その母も過労で死んでしまい、今では、長女である娘が、洗濯女になって、弟妹を養っている。ところが、その娘までが病に倒れてしまう。臨終とうとう、もう助からないとわかって、終油《しゅうゆ》の秘蹟を行うために神父が呼ばれる。臨終を迎えた娘は、神父に向かって尋ねる。「神父さま、わたしは、弟や妹たちの世話をするために、朝から晩まで働いていて、教会に行くこともできませんでした。教理問答《カテキズム》もすんでおりません。死後のお裁きを受けたとき、なんとお答えしたらよいでしょう?」娘の手をとって、そのことばに耳を傾けていた神父は、ややあって、娘の耳もとで、静かにこう告げる。「わが娘《こ》よ、何も案ずることはない。もし、お尋ねを受けたら、何もいわずに、おまえのこの両の手を神さまにお見せしなさい。そうすれば、神さまは、何もかもわかってくださるよ。」毎日、洗濯に明け暮れていた娘の手は、若い娘の手とはいえないほど荒れていた……。

こう書いていても、神父のことばのところまでくると、今でも胸がつまります。人の記憶は、年とともに変わりますし、おそらくそれからずっとあとに読んだ『レ・ミゼラブル』や、エミール・ゾラの小説、いくつか見たフランス映画に影響されたとは思うのですが、わたしの頭のなかには、初めて読んだとき思い浮かべた(と自分では思っている)物語の絵が、今もはっきり見えるのです。娘のベッドは鉄製のパイプで、こげ茶色の僧服を着た神父が、スツールに向こう向きに座っている。娘の髪は枯れ草色で、ぺちゃんこの枕の上から、血の気のない細面《ほそおもて》の顔がこちらを見ている……という図柄です。

それより何よりふしぎなのは、それまでキリスト教にまったくふれたことのないわたしが、教理問答だの、終油の秘蹟だのという、わかるはずもないことばに躓《つまず》かず、いわばこの話の真髄とでもいうべきものをしっかりと受け止めていたという事実です。これを読んでいたときの、二階の部屋の、北側の窓からさしこんでいた光の具合や、白い麻のカバーのかかった応接セットや、ちょっと現実から切り離されたような静かなひとりの時間などの記憶が、この話と一緒にこころにとどまっていることを思うと、これはわたしが、戦争中、疎開をする前のことで、ということは、小学一年生か二年生のときのことに違いないのです。

幼いわたしのなかに、この話に感応する何かがあったのか、それともこれを読んだことで、この短いエピソードが伝えているものが、わたしのなかに刻み込まれたのか、それははっきりしません。けれども、考えてみますと、この体験は、のちのわたしに非常に大きな意味があったということができます。形式や、慣わしや、手続きや、その他もろもろの枠組みや決まりのかげにかくれ、ほんとうに人間を動かしている力にふれようとしない生き方にいつも反発を覚えてきましたし、できるかぎりではありますけれど、自分でもそうでない態度を保つように努めてきました。自分自身のこの体験は、わたしに、幼いこころに刻まれることばの重みを思い起こさせ、また、けっして子どもを侮ってはいけないということを教えてくれます。

とばし読みは子どもの特技

さらにつけ加えるなら、この体験は、子どもの本の読み方のひとつの特徴を示しています。それは、わからないところは気にせずに読む、ということです。〝とばし読み〟は、子どもの特技なのです。考えてみれば、これは自然なことでもあり、必要なことでもあります。何も知らないで生まれてきた子どもは、まわりにあるものすべてわからないのですから、一々気にしていてはやっていけません。持ち前の好奇心、探求心と、子どもらしい論理で、膨大な「わからないこと」のなかから、少しずつ「わかること」を増やしていくのが、子どものやり方です。ことばの習得だってそうです。はじめは、無意味な音の羅列にしか聞こえなかったもののなかから、ひとつ、またひとつと特定の音を意味のあるものとして認識していくのですから。知識や経験の足りない分、子どもは、独特の直感力をもっています。それによって、事柄の本質をまっすぐとらえてしまうのです。第六感というべきか、第七感というべきか、そのふしぎな感覚なしに、どうして幼いわたしが、あの小さな物語にあれほど強い感銘を受けたかを説明することはできません。

わたしの友人に、小学校六年生のときに小児マヒにかかり、一年間の病床生活を余儀なくされた人がいます。彼女は、その一年間をもっぱら本を読んで過ごすのですが、そのとき読んだ本の一冊が『カラマーゾフの兄弟』だったといいます。しかも、いちばん心に深くのこったのがゾシマ長老のことばだった、と。いくら知的な家庭に育ち、聡明な子どもであったにせよ、十二歳の彼女にこの小説が「よくわかった」とはいえないでしょう。それでも、この年若い読者は、このとき、何かこの本の本質的なところに触れたのです――いわば魂のレベルで作者と直接キャッチボールをしたように。

子どもは、手前にある「わからないこと」をとびこえて、直接その奥にある核心にふれることができる。このことは、子どもと本を読んでいて、また、子どもにお話――とくに昔話を語っているときに、よく感じることです。最近も、五歳の男の子にせがまれて『ギルガメシュ王ものがたり』*を読んだのですが、わからないのではというこちらの心配をよそに、じっと最後まで聞き入っていました。表面ではなく、何か深いところで聞いているという感じで、むしろ読み手のわたしよりずっとまっすぐに、この神話の世界へ入りこんでいるように思われました。

考えてみると、ロビンソン・クルーソーや、ガリバー、あるいはドン・キホーテなど、本来子どもの本でなかった作品が今日まで生きながらえているのは、子どもたちが、これらの作品を直感による〝とばし読み〟をしたから、といえそうです。子どもたちは、これらの作品に盛りこまれた、当時の宗教や政治に関する饒舌な説教や論評などの「わからないこと」をすっとばして、おもしろいところだけを読み取っていったのです。子どもたちがおもしろがったのは、もしかしたら作者がそれと意図していたのではないところだったのかもしれません。が、実は、そこに作品の生命が宿っていた。子どもたちは、それを直感でさぐりあてたのです。とすれば、これは、子どもたちの世界文学への貢献だといえるのではないでしょうか!

「花仙人」　わたしが育つころは、もう子どもの本は、あまり出版されなくなっていたためでしょう。とくにわたし用にと本を買ってもらった記憶はありません。わたしの読み物は、姉のために用意されたガラス扉のついた小ぶりの本棚につまっていた姉の蔵書でした。アルスの児童文庫*や、講談社の絵本が何冊かあったのは憶えていますが、そのほかの本については、記憶がありません。

このころ読んだ本のなかで、とりわけよく憶えているお話のひとつが、中国の「花仙人」です。わたしの記憶では、これは『小學讀本六年生』という題の本にはいっていた四つの物語のうちのひとつだったと思うのですが、同じ話がアルスの『支那童話集』にも「百花村物語」としてはいっており、この本も愛読していたので、もしかすると両方の記憶が一緒になっているのかもしれません。


——ある村に、花を愛してやまないひとりの老人が住んでいた。長い年月をかけて庭を見事な花園に仕立て上げ、季節ごとに咲く花々を愛でつつ平和に暮らしていたが、あるとき、ならず者の一団がやって来て狼藉の限りを尽くし、盛りの牡丹を踏み散らしてしまう。悲嘆にくれる老人を憐れんだ、西王母に仕える花を司る娘が、「落花《らっか》返枝《へんし》の術」を用いて花を元に戻すのだが、これがならず者の奸計《かんけい》にかかり、老人は妖術師として捕えられ、処刑されることに……。

物語は、踏みにじられた牡丹の花が、自分たちを慈しみ育ててくれた老人を救おうと立ち上がり、花びらの一枚一枚が花の乙女に変わってならず者をこらしめ……というふうに進むのですが、これを読んだとき、物語から受けた感覚は、非常に鋭くわたしのなかに残りました。とくに、風に舞い上げられた花びらが空中で小さな花の乙女に変わるところや、彼女たちの吐く氷のような息などの、ぞくぞくする感じは今でもよみがえってくるほどです。

わたしは、一九八八年に初めて中国を訪れましたが、空港から北京市内に向かう車のなかで、「あっ、この空気知ってる！」というなつかしい感じに襲われました。よく考えると、それは「花仙人」を読んでいたとき、わたしを包んでいた空気だったのです。なんともふしぎな体験でした。

初めてこの話を読んでから半世紀余りも経った一九九二年、わたしはこの物語のもとになった本をさぐりあて、自分なりに語るためのテキストとして書き起こして、児童図書館員の集まりで語りました。以来、高学年の子どもたちに語りつづけています。その後、中国の画家蔡皋《さいこう》さんに絵をつけていただいて、美しい本になりましたが*、その作業をしているあいだも、子どものときの記憶がよみがえってきました。思い描いたイメージも、感じた感覚も、物語が、わたしのなかに呼び覚ました感情も。

ならず者に対する腹立ち、老人への同情、わけても老人が受けた理不尽な扱いに対する、どうしようもない憤り。ことばにできるものなら、「こんなことがあってよいはずはない!」と、叫びたかったのでしょうが、ただただ、からだじゅうが熱くなるのをこらえていた記憶があります。おとなになって振り返ってみると、このときわたしが感じていたのは、公憤とか義憤とか、正義感とか呼ぶ感情であったのですが、そういう感情(が自分のうちにあるの)を知ったのは、これが初めてでした。

だれもがそうであるように、おそらくわたしのなかにも最初から不正を憎み、理不尽な行為を憤る気持ちはあったと思います。けれども、この物語に出会わなかったら、その感情はこれほどはっきりと意識され、その後の生き方に強い影響を与えることはなかったでしょう。このように、物語は、子どもたちのなかに眠っているさまざまな感情や感覚を呼び起こし、揺さぶるものだと思います。そうした刺激は、実生活の体験では、なかなか受けることができません。

わたしの友人のひとりは、自分の善悪の基準は、幼い日に祖父から聞いた昔話で培われたと思うと話してくれました。日常の暮らしのなかでは、人の行いの結果はそうはっきり見えるものではありません。でも、昔話のなかでは、それは明々白々です。親切な行いがよい報いを受ける満足感や、邪悪なこころがもたらす結末のみじめさを物語のなかでたっぷり味わった子どもたちは、生来もっているはずの道徳感覚を確かなものにすることができるでしょう。

別の友人は、子どものころアンデルセンの童話を読んで、何か自分の生活のなかにはない、異質なものを感じていたといいます。ずっとのちになって、それは自尊心というものではなかったかと思いあたった、それは、それまでまわりにいる人たちからは感じることのできないものだった、と話してくれました。さきに述べた第六感ともいうべき感覚で、子どもたちは、外国の物語から、それまで知らなかった、異なる文化的背景のなかで生まれ育ったこうした価値をもすくいとっているのですね。

疎開体験がもたらしたもの

わたしは一九三五(昭和十)年の早生まれで、小学校へあがるとき、小学校は国民学校となりました。そして、卒業と同時に国民学校は終わって義務教育が九年に延長され、わたしたちは新制中学校の一期生になりました。戦時体制と占領にともなう教育制度の変化の突端を体験した世代です。国民学校三年生のとき、学童疎開がはじまり、わたしは、家族と離れ、ひとりで和歌山にいる母方の祖母のところに縁故疎開することになりました。疎開先は、紀ノ川のほとりにある粉河《こかわ》、西国三十三所の第三番札所粉河寺のある町です。祖母がどうして暮らしをたてていたのかは、当時のわたしにはまったくの関心外で、今もよくわかりません。昔、宿屋をしていたと聞いた覚えもありますが、かなり大きな母屋に、母の弟の叔父夫婦が住み、長い廊下でつながった離れに祖母が住んでいました。離れには六畳と四畳半、それに三畳ほどの板の間があり、小さい台所がついていました。ここで、祖母とふたりの暮らしがはじまりました。寝るのは六畳間で、祖母と一緒でしたが、四畳半に神戸からもってきた姉のガラス扉つきの本棚と、座り机が置かれました。

多分、三年生の二学期から粉河小学校へ転校したのだと思いますが、初めて祖母の家に着いたとき、わらぞうりが何十足も束になって、大きなまるい提灯のように玄関の天井からぶらさがっていたことを憶えています。翌日から、はだしにわらぞうりの生活がはじまりました。

疎開生活は、わたしにとっては、つらいものではありませんでした。疎開を経験した多くの人たちが、のちに思い出して綴っているようなひもじさ、いじめ、家恋しさを、わたしはまったく味わわずにすみました。わたしがいじめられずにすんだのは、ひとつには、いちはやく土地のことばをおぼえたからでしょう。学校へ行きだして一日か二日で、もう「わたし」と「あんた」が、「あて」と「おまん」に変わっていました。もうひとつの理由は、クラスのボスであるHちゃんに気に入られ、その庇護を受けることができたからでしょう。わたしは、本の好きな彼女に、もっている本をつぎつぎに貸してあげて、友情を確かなものにしました。

疎開している二年間のあいだ、新しい本を入手することはできませんでしたから、わたしは、もってきた本をくりかえし、くりかえし読んでいたに違いありません。けれども、この時期は、本についての思い出がまったくありません。ただひとつの例外は、短い期間、母屋の二階に下宿していた女学校の男の先生から二冊の本をもらったことです。ノヴァーリス？　シュトルム？　今となってはわかりませんが、とにかくドイツのちょっと幻想的な短編集でした。それまで読んでいたものとは異質な印象を受けましたが、作品の背景になった森や湖の空気がぼんやり残っているだけで、内容は憶えていません。ただ印刷や装丁、線画の挿絵が美しく、本のつくりが子ども向けのものとは全然違っていたことを憶えています。

読書のことが記憶にないのは、田舎での新しい生活の体験のほうがずっと強烈だったからでしょう。うちは農家ではありませんでしたが、学校から派遣されて、農家に手伝いに行き、田植え、草取り、稲刈り、脱穀、株おこしと、米づくりの作業を一通り体験しました。わら打ち、縄ない、わらじづくりもしました（自分の作ったわらじは、すぐだめになるので閉口しましたが）。山へ間伐にも行きました。直径十センチほどの木を伐り倒し、枝をはらって丸太にしたものにかすがいを打ち込み、それに縄を通して肩にかけて引っ張って帰るのですが、山をくだるときすべり落ちてくる丸太がかかとに当たって、とても痛かったことを憶えています。

今にして思えば、この体験は貴重なもので、疎開生活でこうした体験ができたのは実に幸運だったと感謝せずにはいられません。読書という面からいってもそうです。読書は、つまるところ〝代経験〟です。物語を読むとき、子どもは主人公と一体化して、あたかもそれが自分の身に起こったように感じつつ読むものですが、そのときことばを体験に変えるのは、自分がからだに受けた感覚と運動の記憶、すなわちイメージの力なのですから。

もちろん、体験の不足を想像力で補うことはできます。でも、それには限度があります。五感を通して心身に蓄えたイメージが豊かであることにこしたことはありません。田舎の暮らしを体験し、田んぼの四季を五感の記憶におさめ、それまで知らなかった人たちの気質や暮らしぶりにふれたことは、わたしの貴重な財産となりました。これは、一冊二冊の新しい本を読むより大きな意味をもったと思います。

戦後のどさくさ　神戸の家は空襲で焼けました。疎開していたおかげで、わたしは焼夷弾の落ちてくるなかを逃げまどうというような恐ろしい目に遭わずにすみました。もともとぼんやりした子どもだったからでしょう。敗戦にもそれほどのショックを受けませんでした。そのころのことは、何か殻のなかに入っていたような、もやのなかにいたような感じで、五年生にもなっていたのに、どんなことを考えていたのかよくわかりません。あとになって、同世代の人たちが、戦時中の軍国教育や、戦後の先生たちの豹変ぶりに批判の目を向けているのを知って、自分の幼さと鈍感さを恥ずかしく思うばかりでした。

やがて家族は、空襲の被害のなかった神戸の西のほうに新しく住まいを得て落ち着きましたので、わたしは家族のもとに帰りました。このころ、父が二冊の本を買ってくれました。『アルゴ船航海記』ともう一冊、題は憶えていませんが、それとペアになる「ギリシア神話」の物語でした。それまで本は全部姉のお古だったので、初めて〝わたしの〟本を買ってもらったのがうれしくてなりませんでした。

でも、その本のなんとお粗末だったこと！　大きさも今でいう新書判くらいで、紙は、仙花紙というのでしょう、色も最初から茶色に近く、ざらざらで、表紙もぺらぺらでした。内容はとてもおもしろかったのですけれども。その後、『銀河』や、『少年少女』といった当時刊行されていた子ども向けの良心的な雑誌も、定期的にではありませんが、買ってもらいました。父が古本屋で手に入れたのでしょうか、ハードカバーで美しい装丁の『小川未明童話集』や、坪田譲治の童話なども、新しい家の縁側の隅に置かれた本箱に加えられていきました。

転校した国民学校は、疎開から帰ってきた子ども、空襲で家を失って引っ越してきた子どもでふくれあがっていました。転入生だけで一学級、それも七十名近くいたのではなかったでしょうか。しかも、しばらくのあいだは午前、午後二部制だったように憶えています。

国民学校の最後の一年余りは、親や先生たちにとってはたいへんな時期だったと思いますが、わたしは、よい先生に恵まれて幸せでした。担任のH先生は、よく作文を書かせました。あるとき「おかあさん」という題が出ました。わたしが書いたのは、おかあさんというものはありがたいものだ、おかあさんのいない人はどんなにかつらいだろうというものでした。それまでの作文は、戦地の兵隊さんを思い、わたしたちも銃後の守りを固くし、よく勉強して、はやく大きくなり、男ならば兵隊さんに、女ならば看護婦さんになってお国のために尽くしたい、と書くのが決まり、つまり、要求されているように書く、建前を書くものだと思っていましたから。

ほかにも同じようなことを書いた人が大勢いたのでしょう。先生は、あなたたちに、おかあさんのいない人の気持ちがほんとうにわかるか？　わからないだろう。わからないことを書いてはいけない、と、たしなめられました。そして、Eさんの作文をよくできたものとして読んでくださいました。それは、盲腸で入院したおかあさんを弟と一緒にお見舞いに行ったとき、ふたりがかしこまってだまっていると、おかあさんが「あんたたち、どうしたの。いつものようにしゃべったり、けんかしたり、にぎやかにしたらいいのに。そのほうがおかあさんはうれしいわ」といったという話でした。先生は、そういう物言いがいかにもEさんのおかあさんらしくてとてもいい、とほめました。

このときH先生から与えられた教訓――思ってもいないこと、自分でほんとうにそう感じたのではないことを書くんじゃない――は、以来わたしの頭を離れたことはありません。

遊びに遊んだ中学時代

新制中学は、もっとたいへんでした。校舎がなく、県立商業学校の校舎を借りて授業がはじまりましたが、机も椅子もなく、しばらくは床にすわって膝のうえでノートをとる状態でした。先生も足りなかったのでしょう。復員帰りで軍服にゲートル姿の先生もいれば、おそらく肋膜か何かで徴兵を免れたのではないかと思われる青白い青年先生もいました。この先生は、国語の担当でしたが、教科書はそっちのけで、ジャンヴァルジャンの物語*を語ってくれました。漆黒の髪が額に落ちてくるのを、なんどもなんども首を振って払いのけながら、直立不動で語りつづけ、ミリエル司教が銀の燭台を差し出すくだりでは、声涙共に下るという感じでした。

学校は山の上にあり、校庭のまわりの柵をこえると、もうそこは山つつじの群生する自然の庭でした(めぼしい木は、母を含む近くの住民に伐られて薪になっていました)。ジャンヴァルジャン先生は、ときには、次の授業の鐘が鳴るまでに帰ってくればいいから、どこへでも行っておいでといってわたしたちを解放してくれ、その代わり、ノートにひとつ五七五を書いてくるようにというのでした。先生は、生徒の書いたものには、ほとんどに三重丸をくれました。

わたしは、「松の木や　つたの衣をまといけり」という一句をものにして三重丸をもらいましたが、足が不自由で、クラスのなかでは目立たない存在であったI君は、このとき「れんげ摘み　うっかりはまる肥《こえ》たんご」なる傑作をものにして、五重丸を獲得し、一躍クラス全員の注目の的になりました！

先生も親も、生活に追われていて、細かい監視の目は届かず、子どもたちがほうっておかれたことは、今から考えるとほんとうに幸運なことでした。わたしたちは、教科書のはいったかばんのほかに、大きな風呂敷包みを抱えて学校へ通いました。なかに何が入っていたかって？人形と人形遊びの道具でした！　女の子たちは、めいめいの人形を持ち寄り、授業時間になっても先生が教室にいらっしゃらないときは、床の上に輪になって座り、風呂敷包みを広げて人形ごっこに余念がありませんでした。このとき、わたしたちは、ちょっと耳に挟んだニュースや、読んだ本のなかのエピソードなどを即興劇にして、人形たちに演じさせました。本をたくさん読んでいたわたしは、台本の材料を提供する役を務めたように思います。

学校からの帰り道にも、読んだ本の話を友だちによく語って聞かせていました。ある日、なんの話か忘れましたが、電車通学をしている友だちに、校門を出てからすぐ長編小説(?)を語りはじめました。学校は山の上、電車の駅は海の近くで、ずっと長い下り坂の道がつづきます。わたしの家は、ちょうどその真ん中辺りにありましたが、物語は、そこでは終わりませんでした。わたしは、かばんを大急ぎで家にほうりこんで、駅への道を語りつづけました。ちょうどうまい具合に、物語は駅に着くと同時に大団円を迎えました。

ああ、よかった！　改札を通る友だちに「さよなら」と手を振って、さてうちへ帰ろうと、くるっと回れ右をしたわたしの前に、まるで通せんぼをするように、知らないおじさんが立っていました。おじさんは、ニコニコしながらわたしを見おろして、「お嬢ちゃん、お話、とってもおもしろかったよ！」と、いいました！

どの辺りからでしょう。ずっとわたしたちのあとについて、話を聞いていたらしいのです。恥ずかしくて、恥ずかしくて、どうやってうちへ帰ったか憶えていません。でも、このころから、こんなふうに、人に本の話をするのが好き、お話を語るのが好きだったということは、児童図書館員になる芽があったということかもしれません。いずれにしても、疎開生活で自然と労働を体験したこと、戦後のどさくさで教育現場が整っていないのをよいことに、遊べるだけ遊んだこと、このふたつは、子ども時代にわたしがもつことのできた宝物だと思っています。

一日一冊

やがて、間借り生活から、自分たちの校舎へ移りました。でも、それはもと軍の馬小屋だったといわれるバラックで、杉皮で葺《ふ》いた屋根(雨漏りがする)、天井なし、床もなく地面そのまま、窓は窓枠に格子が打ち付けてあるだけ、というようなものでした。でも、机と椅子と黒板はありました。新築された校舎へ入ることができて、学校らしい生活がはじまったのは、三年生になってからだったように思います。

新しい校舎には、新しい先生が待っていました。国語のF先生です。先生は、背はわたしたちより低いくらい、髪はひっつめ、いつも黒いズボンに国防色の上っ張りという方でしたが、子どものわたしから見ても、非常に能力のあるよい先生で、教科書のほかに副読本を用意して、課外授業をしてくださいました。今思えば、わたしたちに〝文学教育〟をほどこしてくださったのだと思います。F先生からは、文意をしっかり読みとること、ことばのニュアンスの違いを識別するといったことを、かなり徹底して叩き込まれた気がします。

国語力をつけるという面では、多くを負っている先生なのですが、たったひとつ、〝恨めしく〟思うことがあります。それは、副読本でその一部を読んだメーテルリンクの「青い鳥」についての説明のなかで、作品がいわんとしているのは、幸福は結局家庭にあるということだと

〝種明かし〟をしてしまわれたことです。

それまで、どんな物語も、ただただ「おもしろいお話」として読んできたわたしに、これは手痛い一撃でした。ふぅーん、そうなのか！　幻滅といっていいのか、裏切られたといっていいのか、「青い鳥」が一瞬にして色あせた気がしました。F先生は、わたしがよもやそこまで幼いとは思っていらっしゃらなかったのでしょうが、大げさな言い方をすれば、これはわたしの読書生活史のうえで、無邪気で幸せな子ども時代の終焉を告げる忘れがたい出来事でした！

F先生のおかげもあったのでしょう。また、終戦後数年経って少しずつ本が出ていたこともあったのでしょう。高校に入ったころからは、乱読時代に入ります。でも、まだ子どもの読み方からは抜け出せず、筋を追ってストーリーをたのしむことが第一。したがって、読むのはもっぱら小説でした。

高校二年のとき、転居にともなって、不本意な転校を余儀なくされました。ちょうど何かに反抗したい時期だったせいでしょう、学校をその対象に選び、卒業までの二年間を、クラスでは場面緘黙《かんもく》を決め込み(あまり成功したとも思えませんが)、〝ふてくされて〟過ごしました。

幸い、この学校には、数万冊の蔵書をもつ立派な図書室がありましたので、わたしは、「一日一冊」を日課にかかげ、せっせと本を読んですごしました。この「一日一冊」は、そう簡単なことではなく、アップアップしそうになると、岩波文庫星一つ、つまりいちばん薄い文庫本を読んで、なんとか切り抜けました。星一つであったために、ふつうなら手に取らないだろう本を読むことができたのは、読む本の範囲を広げるという意味ではよかったのかもしれません。

高校時代にいちばん胸を熱くして読んだのは、『チボー家の人々』*でした。全十一巻だったでしょうか。最後の巻のページが残り少なになったときは、ここで読むのをやめようかと思ったくらいでした。ずっとあとになって、図書館で「ヘンリーくん」シリーズ*を愛読していた小学生の男の子が、残り何ページかを残して、きっぱりと読むのをやめ、おしまいまで読んだら、ヘンリーくんたちが自分のそばからいなくなってしまうような気がするから、というのを聞いたとき、「わかる、わかる!」と、思ったものでした。

新しい児童文学

岩波少年文庫は、一九五〇年、わたしが高校生になったころに出はじめました。でも、出会ったのは、大学に入ってから。記憶違いでなければ、大学の図書館に、何冊か少年文庫があったように思うのです。たしか閲覧室のあの辺り、いちばん下の段……というイメージが今もぼんやりと残っていますから。この大学は、同じキャンパスに中高部があり、そこの図書館に少年文庫が全部揃っているとわかってからは、そちらでも本を借りました。

大学二年になると同時に、父の転勤で、家族は東京へ移りましたが、わたしは、それを機に寮に入りました。通学に時間を取られない分、たっぷりと本が読め、この時代にはずいぶんまめに少年文庫を読みました。そうして、「ドリトル先生」*や「クマのプーさん」*に出会ったのです。それまでの子ども向け文学全集の定番であった「小公子」や「小公女」、「家なき子」や「フランダースの犬」などと比べて、これらの作品の新鮮さ、おもしろさは、格別でした。その衝撃は、わたしの頭のなかに「児童文学」ということばを刻みつけるのに十分でした。

今と違って、女子大生は、みんながみんな就職活動に励むという時代ではありませんでしたが、それでも、漠然と将来を考えると、大好きなふたつのもの——本と子どもに関係することがしたいという願いはありました。子どもに関わる職業といっても、教師は、初めから除外されていました。算数ができなかったので、とても無理だと承知していたからです(今でも、つるかめ算など聞いただけで頭が痛くなります!)。

また、生活圏のなかに公立図書館をもたずに育ったので、図書館員という職業も頭にありませんでした。さらにいえば、本は、本として出来上がって手元に届いたときから、初めて自分との関係が生じるという認識しかありませんでしたから、その背後に出版社だの、編集者だのが存在することにも思い至りませんでした。

唯一考えついたのは、お話を書く人——作家でした。子どもと本に関わりたいのなら、作家になるしかないのかと考え、二、三習作をしたこともありました。それは少年文庫に出会う前のことで、「……でありました」「……のであります」といった文体も、母子の別れといった題材も小川未明を下手に真似たような話で、のちに児童図書館員になったわたしが見たら、一も二もなくはねのけたであろうようなセンチメンタルな作品でした！　わたしは、ほどなく作家というのは特別の才能を必要としていることに気づき、作家になることは将来の選択肢からきれいさっぱり消え去りました。

ずっとあとになって、わたしは、いくつかのお話を書き、それらは本にもなりました。でも、それらの物語は、書こうとして書いたものではありません。児童図書館員として、子どもたちに本を読んでやったり、お話をしてやったりしているうちに、わたしのなかに自然に生まれてきたもので、いわば児童図書館員という仕事の副産物です。それにしても、副産物として生まれたお話は、昔、書こうとしていたものとはなんと違っていたことでしょう！　聞き手の子どもたちの反応を直接見ることのできる語りの経験が、わたしを変えたのだと思います。

Library ということば

大学は英文学科でした。はっきりした目的がなく、将来何をするにしても、英語の力が役に立つと思い、とりあえず選んだ学科でしたが、それは、どうやら正解でした。もうひとつ、この大学で学んだことが幸運だったと思うのは、図書館にアメリカで刊行された児童文学の参考書、それも、あとで考えるとかなり基本的なものが何冊か揃っていたことです。いったいだれが、どんな目的で蔵書に加えたのでしょう。当時は、大学で児童文学を講じることなど考えられもしないことでしたのに。

それらの本を選んだのは、おそらく図書館員だったのでしょうが、いつかこんな本を読む人が現れるのではないかと考えたのでしょうか。それとも、自分も興味があり、だれかが読んでくれるといいと願ってのことだったのでしょうか。いずれにせよ、わたしのあずかり知らぬところで、これらの本が用意されていたのです。ありがたいというほかない配剤でした。

図書館員になってからこのことを思い出し、図書館員というのは、本を選ぶことで、いつか自分の選んだ本に出会う読者とつながっていく、そして、その本から益を受ける読者を助けることのできる幸せな職業なのだと思い知りました。

わたしは、ゼミの先生のご専門とはまったく関係なく、自分ひとりで児童文学を論文のテーマにすることを決め、図書室にあった数冊の参考書を要約して、イギリス児童文学小史にまとめました。論文そのものは取るに足りないものでしたが、その過程で、library ということばがわたしのなかに刻み込まれました。利用した参考書が、アメリカ図書館協会から刊行されていたり、本の著者が図書館学校の教授だったりしたからです。児童文学がなぜ図書館と関係があるのか、当時のわたしは、それすら理解していませんでしたが、これが数年後にわたしの進路を決定することにつながりました。

図書館学科へ

卒業後、ともかく家族のいる東京へ帰りましたが、身の振り方は決まっておらず、小児マヒで就学猶予になった男の子の家庭教師をしながら、この先どうしようかと考える、宙ぶらりんの毎日がはじまりました。初めての東京で、小説のなかで地名だけを知っていた場所を歩くのはちょっとした興奮をさそいましたし、新宿の紀伊國屋書店や、日本橋の丸善で、本の山を眺めてすごすのは、このうえないたのしみでした。

そんなある日のこと、新聞に学生募集の小さな広告を見つけました。「慶應義塾大学文学部図書館学科」とありました。このとき、図書館——library ということばが、頭の中でカチッと音をたてました。何かにつけて優柔不断、さっさと動かないわたしが、どういうわけかそのときは、自分で学校に出向き、「実はわたしは児童文学に興味があるのですが、ここでそれが勉強できますか?」と、尋ねたのです。「できますよ。ちょうどそのことを専門に勉強するためにアメリカに留学していた先生が帰国して、来年度から教壇に立つことになっていますから」というのが、わたしが得た答えでした。その方が、渡辺茂男先生*でした。

母には、もう大学まで出してもらったのに、このうえまだ学費を出させるのか。父にきちんと頭を下げて頼まないとだめだと、きつくいわれましたが、なんとか許してもらって、編入試験を受け、三年生に編入学しました(次の年には、当時としては高額の奨学金をいただきましたので、学費に関しては父に負担をかけずにすみました)。

図書館学科は、戦後、日本の民主化を図る占領政策のひとつとして、アメリカ図書館協会と国防総省との共同事業として計画されたものと聞いています。アメリカの教育関係者の目には、日本の教育があまりにも学校教育偏重と見えたに違いありません。成人教育、あるいは社会教育――今でいう生涯教育の拠点として、公立の公共図書館を充実・発展させなければならない。そのためには、それまで日本にはなかった専門職としての図書館員を養成する学校が必要だ、という考えに基づいて、アメリカ図書館界の主立った人々が献身的に努力した結果、一九五一(昭和二十六)年に、日本で初めての図書館学科が慶應義塾大学のなかに開設されたのです。

当初の教授陣は、和漢資料論を除いて、すべてアメリカの大学や議会図書館などから派遣された経験豊富な図書館人で、授業は英語で行われていました。わたしは八期生で、このころには、主要な科目は、図書館学科の初期の卒業生で、アメリカ留学を終えた先生たちが担当しておられたのですが、毎学期、アメリカから何人か客員教授が、特別の科目を教えに来ておられました。前の大学で、英語による授業に慣れていたのが、ここで役に立ちました。

図書館学科の課程は、三年、四年の二か年で、学生は、一学年二十名ほどだったでしょうか。わたしのような途中からの編入生が大半で、年齢もまちまちでした。元軍人らしい年配の学生が、「教官殿、質問があります」と勢いよく挙手して立ち上がり、直立不動で質問するのにびっくりしたこともありました。

先生方には申し訳ないことながら、主要科目である分類や目録の規則などはどうしても興味がもてず、いまだに日本十進分類法も頭に入っていない図書館員失格のわたしですが、何といってもいちばん大きな意味をもったのは、ここで公共図書館の存在に目を開かれたことです。それまで、実生活で公共図書館を利用した経験がまったくなかったので、最初からよく発達したアメリカの公共図書館のイメージが刷り込まれたことはかえってよかったのかもしれません。

そして、先生方が教えてくださるには、その公共図書館では、子どもにサービスをすることが重要な業務のひとつと認識されていて、そのための児童室があり、そこには児童図書館員がいる。児童図書館員というのは、公共図書館で、子どもを相手に、読書をすすめる仕事を専門にする人だというのです。子どもと本、この大好きなふたつ、ふたつだけに関わる、そんな職業があったなんて！　これこそわたしが探し求めていた仕事だ、と胸が躍りました。算数を教える必要も、成績をつける責任もなしに、子どもと一緒にいられるなんて。それだけでも十分幸せなのに、よく聞いてみれば、子どもにお話を語ること(ストーリーテリング)が、児童図書館員の重要な仕事だというではありませんか。そんなたのしいことを仕事にしていいのかしら、と半信半疑でした。ともあれ、ここでわたしの行くべき道は決まりました。児童図書館員――それこそがわたしの就くべき職業だと、はっきり思い定めたのです。

思い定めたのはよかったのですが、当時、日本で、児童図書館員が職業として認められていたわけではありませんでした。もちろん公立図書館はあり、そのいくつかには児童室があり、そこで働いている人もいたわけですけれど、その仕事だけを特定して人を募集することはありませんでした。公立の図書館で働くためにはまず地方公務員試験を受けなければならず、合格しても図書館に行けるとはかぎりませんでした。頭の中だけでつくりあげられていた児童図書館員というイメージと、就職先としての図書館の現実とは大きくかけ離れていたのです。頭の中のイメージを保ったまま、わたしはひとまず図書館学科の図書室で働くことになりました。

アメリカへ　図書館学科の図書室で働いているあいだに、何年か前の卒業生で、アメリカに留学して、そのまま結婚してアメリカに住んでいる方から、自分が学んだ図書館学科で、日本からの留学生に奨学金を出してもいいといっているが、だれか応募する人はいないだろうかという問い合わせがありました。図書館学科の先生方のお勧めもあり、自分としても、日本の公立図書館の状況がいずれ変わるかもしれない。それならば、今のうちに、もっと勉強して将来に備えようという気持ちになり、留学を決意しました。往復の旅費もフルブライト奨学金から出していただけることになって、ことは順調にすすみ、わたしは、次の年の秋から、ミシガン州のカラマズーという町にあるウエスタン・ミシガン大学大学院の図書館学科で学べることになりました。

この大学は、前身が教員養成学校だったということで、図書館学科の教授陣も、元学校図書館員や、青少年図書館員――アメリカでは、すでにそのころから、大きな図書館では、児童図書館員(Children's Librarian)とは別に、ティーンエイジャーから若者を専門にする青少年図書館員(Young Adult Librarian)が配置されるようになっていました――の経験者が中心で、わたしの目的に適《かな》っていました。

そのうえ、ありがたいことに、日本の大学ですでに図書館学を学んでいるということで、分類・目録などの基礎科目の履修は必要ない、その分、図書館学科以外の学部で関連科目を選択すればよいということになりました(おかげで、教育学部で読書障害についての科目を受講し、眼や、脳の機能的障害のために本を読むことが困難な子どもがいることを初めて知りました)。学科では、児童図書館、学校図書館、青少年の読書興味など、およそ子どもに関係のある科目は、すべて履修しました。そのなかには、待望のストーリーテリングも含まれていました(でも、予想に反して、授業では実技はわずかで、ほとんどが語るのに向く資料の研究でした)。

授業についていくのはたいへんではありませんでしたが、大量のReading assignment(本を読む宿題)をこなすのはたいへんでした。なにしろ読むスピードがクラスメートの三分の一か、四分の一しかありませんでしたから。あとで、書評を書いたり、口頭で発表したりしなければならないので、とばし読みはできず、睡眠時間をけずるしかありませんでした。

青少年の読書資料のクラスで伝記が課題になったとき、わたしは、著名な黒人女性歌手マリアン・アンダーソン*の自伝を選びました。明け方までかかってやっと読み終わり、朝食も抜きで、必死にタイプライターを打ってレポートを書き上げ、息せき切って教室に飛び込んだのは、始業時刻のベルが鳴る一瞬前でした(担当のL先生は、少しでも遅刻すると、レポートに赤鉛筆でLATE《おくれ》と書き込み、大幅に減点することで知られていました)。

授業のあとで、クラスメートを相手に、今朝はどんなにてんてこ舞いをしたかと話していたら、ひとりの人が、「ところで、あなた、何を読んだの?」と、ききました。「マリアン・アンダーソンの『*My Lord, What a Morning**(わが主よ、なんという朝)』」と答えた途端、一同大爆笑となりました!

大学院は、働きながら単位を少しずつ取っていく年配のパートタイムの学生が多く、わたしのように、フルタイムで一度にたくさんの科目を取る学生は少数派でした。車ももたず、図書館学科とは目と鼻の先の寮に住んでいたわたしは、勉強以外にすることもなく(?)、がむしゃらに頑張って、一年とサマースクールで修士に必要な単位が取得できるように履修計画をたてていました(アメリカでは、図書館員として働くためには、専攻はなんであれ、大学でBA=学士号を取得したあと、大学院の図書館学科で図書館学を学び、MA=修士の学位を得なければなりません。通常、それには二年かかります。アメリカの図書館では、専門職と非専門職がはっきり区別されていて、カウンターで貸出しをしたり、延滞の督促を出したりの事務的な仕事をするのは非専門職員で、専門職員は、本の選択や、利用者へのサービス——本についての質問や相談に応じること、求めている資料を探す手助けをすること、児童図書館員であれば、子どもにお話を語ることなど、専門的な知識や技能が求められる業務を行います。ふつう図書館員＝Librarian というのは、専門職を指します）。

児童図書館員一年生

学位取得の見込みがたったころ、参考業務を教えておられた講師の方から、卒業後、メリーランド州のボルティモア市立イーノック・プラット公共図書館で働いてみる気はないかとお話がありました。その先生は、それまで、プラット図書館で働いておられたのです。人事部長から、就職を希望する学生がいたら紹介してほしいと依頼されたので、ということでした。そのころは、図書館の求人は求職者を上回っていて、大都市の図書館はどこも職員のリクルートに熱心だったのです。プラット図書館は、全米の数ある公共図書館のなかでも、指折りのすぐれた公共図書館です。そんなところで働けたらどんなにすばらしいでしょう。わたしは、すぐその場で、先生にぜひご紹介くださるようお願いしました。

今から考えると、うそのようですが、就職は、プラット図書館の人事部長のH女史との二度ほどの手紙のやりとりで決まりました。実は、わたしは学生ビザで入国しており、本来ならば、就労することはできないはずでした。ただ、専攻した分野に関係のある仕事ならば、学業に費やした時間をこえない範囲で就業を認めるという特例があり、図書館学を専攻したわたしには、一年に限って図書館で働くことが認められたのです。

そうした手続きもクリアして、いよいよ一九六二年九月、労働者の日《レイバー・デー》の休日明けの火曜日、わたしは、晴れてイーノック・プラット公共図書館で、児童図書館員としての一歩を踏み出すことになりました。二十七歳でした。第一日目、人事部長に連れられて館長室を訪れたときのことは忘れられません。当時の館長は、エドウィン・キャスタニヤ氏*。のちにアメリカの図書館協会の会長になられた方でした。氏は、同じ日に仕事をはじめた新採用者六人と握手をかわし、顔つきの温かさと同じおだやかさを湛えた声で、こういわれたのです。

「わたしたちは、本はよいものであると信じる人々の集団に属しています。わたしたちの任務は、できるだけ多くの人をこの集団に招き入れることです。どうかしっかり働いてください」

この瞬間、わたしは、本をよいものだと信じる人たち——図書館員という職業集団に抱き取られた気がしました。この短い挨拶は、就職を学業の延長である実習のようにしか考えていなかったわたしに、強い力で職業人としての自覚を促し、そのとき、その場で、それ以後のわたしの職業生活を貫く背骨《バックボーン》をぴしっと一本通してくれました。中央図書館の児童室での三日間の研修のあと、わたしは、市内の二十五ある分館のうち、いちばん小さい第六分館——そこでは、図書館員は、おとなへのサービスを担当する分館長と、子ども担当のわたしのふたりだけです——に配属されて、頭も身体もフル回転の日々がはじまりました。

プラット図書館で働いたのは、丸一年にすぎません。でも、その一年がどんなに貴重な一年だったか！　わたしのその後のキャリアは、すべてこの一年間の体験がもとになっています。わたしは、ここで、通常の児童図書館員がする仕事を一通りこなしました。午前中にやってくる幼い子どもたちには絵本を読んでやり、午後は、二時半をすぎるとどっと押し寄せる小学生たちの相手をし、秋のハロウィーンから春のイースターまでの約半年間、毎週「おはなしのじかん」でお話を語り、選書会議に参加して新刊書を選び、古い本を廃棄して蔵書を管理し、区域の八つの小学校の全クラスを訪ねてブックトークをし、児童室の展示を考え、夏休みの読書クラブ活動を実施し、クラス単位で学校からやってくる図書館見学に対応し……、そして、毎夜、毎夜、アパートのスプリングのきかなくなった安楽いすにすっぽりはまりこんで、子どもの本を読みまくる……一日二十四時間まるまるの児童図書館員生活でした。

イーノック・プラット公共図書館

人々の生活のなかにしっかりと根をおろし、縦横に使いこな

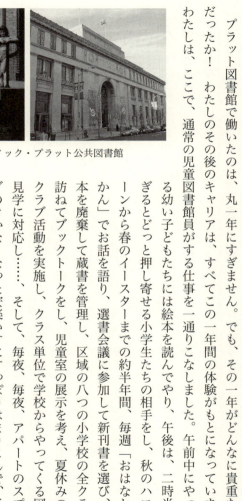

され、生き生きした空気に満たされた図書館。おそらく家庭ではけっして与えられることのない、選び抜かれた本を、当たり前のようにたのしんでいる子どもたち。慶應の図書館学科で、講義や資料によってイメージしていた公共図書館が、そっくりそのままわたしの目の前にありました。

そのような質のよいサービスがどうして可能なのか、その仕組みを学ぶこともできました。公共図書館の存在理由、図書館員の任務と責任についても、認識を新たにすることができました。行き届いた現場研修《インサービストレーニング》のおかげで、児童図書館サービスに必要な知識を増やし、技能を磨くこともできました。図書館員スピリットに満ちあふれた上司や同僚たちに出会い、この職業への愛着と忠誠心を深くしました。ほんとうに、イーノック・プラット公共図書館ですごした、「児童図書館員一年生」の一年は、わたしにとって、何ものにも代えがたい、密度の濃い時間でした。

プラット図書館での一年が過ぎたとき、上司からは、もう一年働いてはどうか、ビザの問題なら解決の道はあるからという親切な申し出を受けたのですが(実際、もう一年いれば、もっといろいろなことがしっかり学べたでしょうが)、ここで行われているような児童サービスを、日本でも実現したい。早く日本の図書館で働きたいと、はやる気持ちを抑えきれず、帰国を決めました。ちょうど福音館書店の松居直《ただし》＊さんが、ヨーロッパの出版社や、子どもの本の関係者を訪ねる旅を予定しておられたので、通訳としてお供をして、ヨーロッパ経由で帰国することになりました。一九六三年秋のことです。

退職の際も、わたしは、忘れがたい体験をしました。人事部長のHさんにお別れの挨拶に行ったときのことです。早く日本に帰って働きたいと思う一方、この一年、プラット図書館が、わたしを訓練するために、どれだけの時間とお金をかけて研修させてくれたかを考えると、わたしは、プラット図書館になんの〝恩返し〟もしないまま帰国することが心苦しくてなりませんでした。そのことを詫びると、Hさんは、ことなげにいわれたのです。

イーノック・プラット公共図書館で子どもたちに絵本を読む筆者(1962年)

「そんなことを気にする必要はこれっぽっちもありませんよ。もし、あなたがここで働いたことが有益だったとお思いになるなら、それはわたしたちの喜びです。何もここで受けたものはここで返さなければいけないということはないのです。ここでの訓練や経験が、どこであれ、これから先あなたが働く職場で生かされるなら、それはわたしたちの誇りなのですから。お元気で。幸運をいのります」と。

最初の日の、あの館長キャスタニヤ氏の挨拶と、最後の日の、この人事部長Hさんのことばは、その後、わたしのこころから離れたことはありません。Hさんは、もう他界されていることでしょうが、もし、あちらの世界での再会が許されるものなら、「あなたのことばに支えられて、日本で、こんなふうに働いてきました」と、その後のことをご報告したいものだと、今、痛切に思います。

家庭文庫へ

帰国後は、石井桃子*さんのかつら文庫、土屋滋子*さんのふたつの土屋児童文庫で働いていた人たちの集まりに参加し、子どもの本や、お話の勉強をつづけながら、次のステップを探しました。幸い、一年して、大阪市立中央図書館の小中学生室に就職できることになりました。念願の公立図書館です。『子どもの図書館』*を構想中(あるいは、もう執筆中?)の石井桃子さんや、文庫の仲間たちの声援を受けて、わたしは、大阪へ向かいました。

子どもは、アメリカも日本もまったく同じ、一緒に本を読むのはたのしいことでしたが、上質のサービスをすることではアメリカでも屈指のすぐれた公共図書館を体験してきたばかりの身には、驚くことの多い日本の図書館の現状でした。同僚の協力と後押しのおかげで、定期的に「おはなしのじかん」をはじめることもでき、少しはアメリカで学んできたことを実行に移すことができましたが、お役所の壁は、厚く、固く、思うほど十分には働けませんでした。

結局、さまざまな事情から、貴重な機会を捨てて、二年余りで退職することになってしまいました。職員はほぼ三年毎に異動することが決まっていて、将来もつづけて児童サービスを担当できる見込みがないことが、いちばん大きな問題でした。児童図書館員が専門の職業と認められていないことからくる、わたしにとってみれば、なんとも理不尽な状況だったのです。前線からの無残な敗退とでもいうべき退職でした。

東京に戻って一年の準備期間のあと、一九六七年に自宅で家庭文庫を開きました。「松の実文庫」です。玄関脇の、ふだんはわたしの勉強部屋に使っている六畳の洋間を使い、南に面した窓を開き戸に改造して、子どもたちが、玄関ではなく庭から入れるようにしました。本は、それまでに買いためていた三百冊ほどでのスタートでした。

開く時間は、毎土曜日、一時から五時まで。なんの宣伝もしないのに、三か月で登録会員は百五十名を超えました。あるとき、数えてみたら部屋のなかに子どもが四十人いたこともあり、そのなかで「おれ、人に溺れるよォ」と、叫んだ男の子もいたほどの賑わいでした。子どもた

子どもたちでいっぱいの「松の実文庫」(1967〜68年ころ)

ちの熱気が月曜日までうち中にこもって、母はそれを「日向《ひなた》の匂い」と呼んでいました。

文庫では、毎週の「おはなしのじかん」をはじめ、プラット図書館でしていたサービスを、ごく小規模ながらすべて実行しました。「おはなしのじかん」には二階の和室を使いました。あとで聞くと、ある子は、曲がった階段を上るときのわくわくした感じがたまらなかったそうです。おかしい話にひっくりかえって笑い、畳のうえをごろごろころがって壁につき当たり、またごろごろ戻ってきて、つづきを聞く子もいました。

狭い場所ですから、いやでも子どもたちとは親しくなります。あのころの子どもたちは元気いっぱい。お話や本にも生き生きと反応してくれて、こちらとしても、毎回がおもしろく、なるほどと学ぶことがたくさんあり、わたしの児童図書館員人生のなかでは、ハネムーンのような、充実した、たのしい時期でした。子どもが大勢いてこその活気。「少子化」ということばをまだ知らなかった幸せな時代でした。

東京子ども図書館

東京子ども図書館外観(東京都・中野区)

かつら文庫と土屋児童文庫の仲間たちとは、ずっと勉強の集まりをつづけていましたが、やがて仲間たちのあいだから、ちゃんとした図書館がほしいね、という声があがるようになりました。なんども話し合いを重ね、いくつかの段階を経て、希望は具体的な計画に変わり、一九七一年に、小さなアパートを借りて、「東京子ども図書館設立準備委員会」が発足しました。そして、一九七四年、東京都教育委員会から認可を受けて、正式に「財団法人東京子ども図書館*」設立の運びとなります。わたしは理事長に就任し、今日までその責任を負っています。二〇一〇年には、法律の改正にともない、館は、内閣府から公益財団法人の認定を受けました。

その東京子ども図書館も、二〇一四年に設立四十周年を迎えました。館の活動と、その後のわたしの歩みについては、ここではくわしくふれる余裕がありませんが、わたしとしては、この四十年間は、ひたすら働きに働いた歳月でした。東京子ども図書館が立ち消えにならず、今日までやってこられたのは、奇跡に近いことだと思っています。

実は、わたしは、二〇〇六年に、図書館サポートフォーラムという小さな図書館人の団体から、図書館サポートフォーラム賞というユニークな賞をいただきました。わたしは、ことのほか、この賞を誇りに思っています。というのが、「三十年以上にわたって、税金を一銭も使わずに図書館を運営した」ことが主な授賞理由だったからです！

その通り、わたしたちは公的な助成も、企業の援助もまったくなしに、私立の図書館を維持してきました。財政的には、ひやひやしっぱなしでした(現在も！)が、思い描いた仕事は、思い描いた形で実現できたと思います。どうしてそのようなことが可能だったのか。そのことに関して、わたしは、設立二十周年の際に、機関誌に次のような文章を書きました。

館を発足させたとき、私たちは自分たちがことを起こしたのだと思っていた。しかし、仕事が動きはじめ、それを利用してくれる人が現れ、その人たちとの関係ができてくると、私は少しずつ、私たちの仕事がその人たちによって存在させられているという感じをもつようになった。(略)世の中には、ほんとうに子どもと本を大切に思う人たちがいて、その人たちが社会のある地層を成している。私たちを、そこに土台をおいた家にたとえるか、そこに根をおろした植物にたとえるか、どちらが適切かわからないが、その地層あっての私たちという気がするのである。私は折にふれてこの地層の存在を実感し、私たちがそれに支えられていることを思わずにはいられなかった。

この思いは、このあとの二十年のあいだに、ますます強まりました。日本には、今でも公立公共図書館の数に匹敵する子ども文庫があり、そこで黙々として無私の活動をつづけている人たちがいます。学校図書館や公共図書館には、身分の保障もなく、雇用条件も劣悪としかいいようのない状況のなかで、子どもたちによいサービスをしようと日夜努力している職員がいます。そして、もちろん、わが子に本のたのしみを知らせたいと願う多くの親がいます。この人たちがいるかぎり、そして、わたしたちがその人たちに役に立つ仕事をつづけるかぎり、館をもちこたえることはできると、わたしは信じています。

私立の図書館をつくるなどという無謀な冒険に挑戦したおかげで、わたし自身は、館の運営や、館の教育活動、出版事業などに大半の時間とエネルギーを注がねばならなくなり、児童図書館員の本来の仕事、すなわち毎日児童室で子どもと一緒に本を読むことはできなくなりました。児童図書館員としては中途半端に終わったと感じています。そのことは、さびしくもあり、残念にも思いますが、その代わり、意欲と能力のある若い職員たちに、存分に働ける場をつくり出すことができたことに、満足と誇りを覚えています。

公立図書館で児童図書館員としてのキャリアを全うすることこそできませんでしたが、子どもと本のふたつに関わることを一生の仕事にしたいという若い日の決心は貫くことができました。なんと幸せなことでしょう！　幼い日に本のたのしみを知ったのが、その幸せのはじまりでした。その幸せは、そののちもずっと、わたしを離れることはありませんでした。

読んだことさえすっかり忘れている本を含めて、これまでに読んだすべての本から、意識的にも、無意識的にも吸収したものが、細かい粒子になって、わたしの精神のなかで浮遊し、時間を経て沈殿、堆積して、わたしの土壌をつくっている。良くも悪くも、わたしはそこに根をおろし、そこから養分を得て生きてきたのだと感じています。

これから育つ子どもたちも、同じ幸せを手に入れることができますように。ひとりでも多くの子どもたちが、本がよいものであると信じる人たちの陣営に加わってくれますように。そう祈ることから、児童図書館員の仕事は、はじまります。

二章　子どもと本との出会いを助ける

暮らしのなかに本があること、おとなが読んでやること、子どもを本好きにするのに、これ以外の、そして、これ以上の手だてはありません。

はじまりは家庭から／本のオーラ／ことばの土台をつくる／わらべうたの魅力／子どもの読書興味発達の四段階／子ども自身を主人公にした即興のお話＝体験の言語化／空想物語が広げる空想世界／主人公との一体化＝子どもは物語を生きる／読み聞かせの適齢期／字が読めないことは力／何を読むか／数多く読むより、くりかえし読む／「耳からの読書」から「目からの読書」へ／親と子のこころをつなぐ本／読んだあとは、ぼんやりできる時間を

本との出会いは家庭から　昔、ある父親のエッセイを読んだことがあります。その人は、子どもが生まれたら、その子といっしょに『宝島』*を読むのが夢でした。待望の男の子が生まれ、待ちかねていた父親は、さっそく息子に『宝島』を読んでやります。ところが、子どもは一向に興味を示しません。父親は、ひどくがっかりして、こんなおもしろい本を喜ばないなんて、もしかしてうちの子は馬鹿なのか、と嘆いたというのです。でも、そのとき息子は、三歳だったというのですから、無理もありません！　このエッセイは、今は八歳になった息子とどんなにたのしく『宝島』を読んでいるか、というおのろけにも似た述懐で、これは、ちょっとひねった導入だったのです。

　子どもが生まれたら、その子といっしょに酒が飲める日をたのしみに待つ、という親の話はよく聞きます。でも、いっしょに本を読む、あるいは本の話をするのをたのしみにしている親御さんも多いのではないでしょうか。そんなふうに待たれている家庭に生まれてくる子どもは幸せです。もう生まれる前から、その子の生活のなかには、本が存在しているからです。

　わたしのような立場にいる者は、「子どもを本好きにするには、どうすればよいか」というお尋ねを受けることがよくあります。わたしの答えは、いつもきまっています。生活のなかに本があること、おとなが本を読んでやること、のふたつです。実際、子どもを本好きにするのに、これ以外の、そしてこれ以上の手だてがあるとは思えません。

子どもが最初に本と出会う場所は、家庭です。家庭であってほしいと思います。うちのなかに本があり、親が本を読んでいる姿を見る。それが、子どもには、本への第一歩です。この世の中には本というものがある。紙でできていて、外側は固く、味はあまりよくない。開くと、なかにうすい、ひらひらしたものがあって、それには黒い点々がある。ときどき、絵も入っている。おとなたちが、それを手にしていることがあるが、そのときはおおむね静かだ、といったことが、本がある家庭に育つ子どもたちの、本というものに対する最初の認識でしょうか。

本が、身のまわりに普通にあるものとして自然に子どもの意識にはいってくる。それを読むという行為にも、まわりのおとなたちがしている日常のあたりまえのこととしてなじんでいく。それがいちばんです。家族がよく本を読む家庭では、子どもたちは、本を読むおとなの姿に、食事をしたり、掃除をしたりしているときのおとなとは違う、集中と忘我(?)の空気を感じとることでしょう。子どもたちがそれを見て、本のなかに何かたのしいもの、こころをひきつけるものがあるのだなと感じてくれたら、本への第一の扉は開かれたといっていいと思います。

読めなくても、読んでやらなくても、本があるだけでいいのです。ある作家の方が、自分のうちには父親の蔵書がたくさんあった。自分はそれをまったく読まなかったけれど、でも、本棚から射してくるもの、いわば本が発するオーラを浴びて育った。それは、よいことだった、と書いておられるのを読んだことがあります。それ以来、わたしも、本＝オーラ説を受け売りすることに努めています。

図書館には来るけれど、遊んでばかりいて、ちっとも本には手を出さない子がいます。それでもいい、本のオーラを浴びているのだから、とわたしは思います。たとえ本を読まなくても、その子の頭のなかには、本というものが（背景として）意識されるでしょう。もしかしたら、そのうちに、そこに並んでいる本のタイトルが、ひとつかふたつ記憶されるかもしれません。そして、いつかどこかで、その記憶が、その子が本を読むきっかけをつくるかもしれません。少なくとも、本のあいだに身を置いた体験は、けっして不快なものではなかったはずです。本が快い記憶とともにある、それだけで十分だと思うのです。

もう、五十年余りも前のことになりますが、ニューヨーク公共図書館で、子どもたちの「お話の時間」を見学したことがありました。児童室は、半地下にあって、お話は、そこからずいぶん離れた小さな部屋で行われました。子どもたちは、お話の部屋へたどり着くまでに、長い旅をしました。エレベーターに乗り、吹き抜けになっている上の階から、広大なロビーと、そこに並べられた何列ものカタログケース――蔵書を検索するためのカードがおさめられている箱——を見下ろしながら、地図や、稀覯書《きこうしょ》のコレクションをはじめとする、膨大な蔵書のなかを通り抜けて進むのです。

本もさることながら、そこには本を読み、調べ物をする人たちが大勢見えます。子どもたちのうしろからついていきながら、どうしてこんなに遠くの、不便な(と思われた)場所まで、子どもをつれていくのだろうと、ふしぎに思ったのでしたが、考えてみると、この巨大な図書館の内部を通り抜けるという体験自体が、子どもにとって、またとない教育だったのかもしれません。この場所の重厚な雰囲気からは、それこそ知のオーラが圧倒的な量と力で放出されていましたから。

ことばの土台をつくる

生活のなかに本があり、子どもたちが多少とも本のオーラを浴びる環境にいるとすれば、つぎには、もう一歩すすんで本を読んでやろうということになりますが、それはそんなに急がなくてもよいのです。さきに挙げたおとうさんのように、子どもが生まれたら、自分の大好きな絵本をいっしょに読もうと、たくさんの絵本を買い揃えて、手ぐすねひいて待っているおかあさんもいらっしゃるでしょう。それに、今は「赤ちゃんから絵本を」という声があちこちから聞こえてきます。でも、わたしは、子どもが自分から強い興味を示すのでなければ、無理に早くから絵本を読む必要はないと思っています。赤ちゃんに絵本を読んではいけないというわけではありません。でも、絵本に手をのばすまえに、もっと大事なことがあるのではないかと思うからです。

それは、ことばの土台をつくることです。本は、所詮ことばでできているのですから、本を読むためには、ことばの力が必要です。ふつう赤ちゃんと呼ばれる時期は、生まれてから一年乃至一年半、歩くことができず、ことばもまだ出ていない時期を指します。この時期、赤ちゃんはめざましく成長しますが、「本を読む」という視点から考えると、それにいちばん深く関わる「ことば」の土台がつくられるときなのです。

わたしは、何年か前から、子どもがことばを身につける過程に興味をもって、自分なりの勉強をつづけてきました。そのために手にした本のなかで、いちばん胸に落ち、教えられることの多かったのは、岡本夏木氏*の『子どもとことば』*と『ことばと発達』*という二冊の岩波新書でした。『子どもとことば』のなかで、岡本先生は、子どもがことばを発するまでの一年、あるいは二年くらいの時期を「ことばの胎生期」と呼び、このあいだに子どものなかで、ことばがどのようにつくられていくかをくわしく述べておられます。赤ちゃんがお母さんのお腹のなかにいるあいだに、少しずつ成長し、時満ちて外へ出てくるように、まだ外に向かってことばを口にしないあいだも、ことばは子どものなかで着実に育っており、いわばことばを使いこなすシステムが子どもの内部で出来上がったとき、しゃべりはじめるというのです。

岡本先生は、ことばに限らず、すべての発達は、人間関係を場として行われるとの立場をとっておられますが、なかでもことばの発達には、人間関係がいちばん大きくものをいうのです。ことばの胎生期にいちばん大事なことは、子どもが、親、あるいは自分のいちばん身近にいる人と気持ちを通い合わせることができるようになること。わたし流にいえば、十分かわいがられて、まわりにいる人に自分の気持ちがわかってもらえるという安心感と信頼感をもつようになることです。

ことばを発するまえから、子どもはしぐさや、意味をもたない音声などで、自分の要求や感情を伝えようとします。たとえば、ねむいときに何かに顔をこすりつけるとか、「たかいたかい」をしてもらったのがうれしくて、もっとしてほしいときに「おー、おー」と声をあげるとか。そのとき、まわりのおとながそれを察して、「おねむになったのね」といって寝かせてやる、「もっとしてほしいのか、よしよし」といって要求に応えてやる。それがくりかえされると、子どもは、特定の動作や音声を特定の反応をひきおこす手段として使うようになる。これを岡本先生は「意図的道具性」と呼び、その手段を、身のまわりのおとなたちとの間で相互に理解し合って使うことを「協約性」と呼んで、この二つがことばの成立の条件だと述べておられます。つまり、あるしぐさや音声にある意味をもたせて使い、それが相手に通じるという体験がしっかり根付くと、ある時期までは、しぐさやただの音声であったものが、もっと便利な、広がりのある「ことば」というものに置き換えられていく。それが、ことばの獲得の過程なのですね。

日常のなかで自然に行われているこうしたやりとりが、実はことばの土台作りにつながっている、と知ったのは、わたしには大きな発見でした。ボール遊びだって、馬鹿にしてはいけません。子どもがボールをおとうさんに向かって投げる、あるいは転がす。受け取ったおとうさんが、それを子どもに返してやる。それをくりかえしてたのしむ。なんでもないことのようですが、こうした遊びをくりかえすことによって、「Aは、Bに、Cを、Dする」という文章の構文がつくりあげられていく、というのです。「ぼく(A)は、お父さん(B)に、ボール(C)を投げる(D)」というわけです。

つまり、赤ちゃんの時期には、身近にいるおとなたちと、十分な関わりをもち、たくさんのことを共有し、たのしみながら体験の量を増やしていくのがいちばんといえそうです。わたしが、早くから赤ちゃんに絵本を与えようという動きにすぐには賛成できないのは、この時期には、養育にあたるおとなと子どものあいだに、絵本というういわば第三者がはいってくるよりも、おとなと子どもが直接向き合って何かをする、という体験をたっぷりもつことのほうが大事だという気がしてならないからです。ことばの土台である、あたたかい、安定した人間関係が育っていないところに、早期教育を意図して絵本がもちこまれるのは、けっしてよい結果を生むとは思えません。

たとえば、赤ちゃんとおかあさんが互いに相手の目をじっと見つめ、視線がしっかり結び合う、といったことが、ことばの基礎工事としてはとても大切だと岡本先生は指摘しておられます。この関係がきちんとできていると、おかあさんの目が別のものに注がれたとき、子どもは、おかあさんが見ているものを見ようとし、それに注目する。岡本先生のことばを借りれば、「視線の共有」が、「テーマの共有」につながり、話し手と聞き手とテーマの三角形、すなわち対話の基本構造である三項関係が成立するというわけです。絵本を読んでやるときには、この関係ができていなければならないのはおわかりでしょう。

親と子の関係がしっかりできていてこそ、両者のあいだに絵本がはいってきても、それがすんなりと受け入れられるのだと思います。ことばの胎生期には、やれ教育だの、絵本だの、と焦らずに、まずは赤ちゃんをたっぷりかわいがって、正面から向き合い、ゆったりとすごしてくだされぱと願います。

リズムのあることば

それでも、もし、おかあさんやおとうさん、あるいは、おばあちゃんやおじいちゃんなど、子どもの身近にいるおとなの人たちが、生まれたばかりのときから、子どもを本好きにしたいと願い、そのために何かしてやりたいと考えていらっしゃるなら、むしろ絵本に手を伸ばすよりさきにしていただきたいことがあります。それは、うたをうたってやること、ことばをともなった手遊びなどで遊ぶことです。きれいな声で、モーツァルトや、シューベルトの子守唄をうたってください、とお願いするわけではありません。赤ちゃんには、韻律のあることばをたくさんかけてあげてください、ということです。

韻律のあることばといえば、いわゆるわらべうたがそれに当たります。思い出せるなら、ご自分が聞いたことのあるわらべうた、子守唄などをうたってくださるのがいちばんです。また、ちょちちょちあわわ、おつむてんてん、いないいないばあ、といった動作をまきこんだ遊びを、できるだけたくさん遊んでほしい、と思います。きっと親も子もたのしい時間を過ごせるはずですし、こうした伝承の遊びのなかには、思いもよらぬほど深い意味がかくされていることがあるからです。

たとえば、いないいないばあ。「いないいない」で、親しい人の顔が視界から消え、いったん緊張した子どもは、「ばあ！」で、はじけるように笑うのがふつうです。見えなくなった顔が、また現れる、ということをくりかえすこの遊びは、頼りにしている人が一時的にいなくなっても、必ずまた会える。また、離れているあいだも、同じ人格としてとどまりつづけ、再び会ったときから前と同じ関係を保てる、ということを子どもに体験させ、信じさせる働きをしているのだと聞いたことがあります。

おかあさんの姿が見えないとわかると、とたんに泣き出す子どもが多いことは、親（保護者）から引き離されることが、子どもにとってどれだけ大きな不安であるかを示しています。いないいないばあは、その不安に耐える、あるいはその不安を克服するための訓練（？）でもあるのですね。ずいぶんうがった説明だと思われるかもしれませんが、どこの国の育児文化のなかにも、この遊びがあること、そしてまた、少し大きくなった子どもたちが、これまた世界共通にかくれんぼをして遊ぶという事実を見ても、かくれる＝あらわれる、離れる＝再び会う、を軸にした遊びに、こうした意味があると考えるのは理にかなっている気がします。

現在、わらべうたを保育のなかに積極的に取り入れている保育園が増えていますし、図書館でもわらべうたの会を開いているところが少なくありません。わたしが働いている東京子ども図書館でも、月二回わらべうたの集まりをしています。前半は、主に赤ちゃんを対象に、座ったままで静かにうたう。顔やからだにさわったり、からだをゆすったりしながらうたったり、となえたりする。指や手足を動かして遊ぶ。小布《こぎれ》、お手玉などを使って遊ぶこともある。

後半は、幼児から小学生が対象で、立って動く遊びが多くなります。「かごめかごめ」のように輪になってする遊びや、胴上げに似た「鯉の滝登り」のような、かなり運動量の大きい遊びも入ります。

わらべうたで遊ぶ子どもを見ていて、いつも胸を打たれるのは、赤ちゃんの笑顔です。七か月、八か月という赤ちゃんが、うたいかけてくれるおとなの目を見つめて、にこっとするときのなんともいえない愛らしさ。見るだけで、こちらを無条件で幸せにしてくれる、赤ちゃんからの贈りものです。

また、驚くのは、幼児から小学生の子どもたちが、わらべうたをうたいながらするごく単純な遊びを、なんどでもくりかえしてやりたがることです。こんなに単純な遊びのなかのどこに、これだけのエネルギーを引き出してくる秘密があるのか、とふしぎに思うくらいです。そして、この集まりの担当者にいわせると、会が終わって帰るとき、子どもはもちろん、おかあさんたちの顔の表情が目に見えて柔らかくなっていることが印象的だそうです。

わらべうたには、ふしぎな力があると、子どもといっしょにわらべうたをうたって、遊んだことのある人たちは、口を揃えていいます。わたしたちのように、子どもの読書に関わっている者からすれば、わらべうたのもつ日本語に固有のリズムや旋律が、子どものことばの感覚、とくに、ことばのなかにある音楽を感じ取る力を育てる、などと理屈をこねることもできそうですが、どうやら、わらべうたは、そんな理屈をはるかに超える存在のようです。

昔話についてもいえることですが、わらべうたのような伝承的な〝文化遺産〟には、合理的・科学的には説明しきれない深い意味や、大きな力があると感じます。おそらく現在のように、ことばの働きのうち、意味を表す機能のみが強調される時代にあって、わたしたちがことばに求めなくなってしまった何かがあるのだと思います。原初の時代、宗教と芸術、叫びと祈り、歌と踊りなどが渾然一体であったとき、人間を突き動かしていた原初的、根源的な力が、伝承の中にかろうじて生き残っているのかもしれないと思ったりします。そして、子どもたちには、そのような根源的な力に反応する力があるのだ、と。

ことばの美しさ、音楽性に感応する力といえば、これはもう生得的といえるでしょう。さきに挙げた岡本夏木先生のご本のなかに、ある一歳九か月の子どもが、吠えない犬を見て、「オーキイワンワン・ワンワンユワヘンワ」といい、自分で発したことばの響きのおもしろさをたのしんでいた事実が記録されています。ことばを意味としてだけとらえる〝教育〟に害されていない(!)子どもたちは、ことばの中のリズムやメロディに、わたしたちおとなよりずっと鋭敏に反応するのです。

わたしも、昔、子どもに『かばくんのふね』*という絵本を読んでやっていたとき、わたしが気にも留めずに読んでいた「あまい　あまい　あめが　ふる」というフレーズに、子どもがすかさず反応して、「あまい　あまい　あめだって!」と、くりかえして喜んだことを思い出します。aという開放的で明るい母音と、mという唇を閉じて鼻に抜ける柔らかな子音、その重なりの心地よさを瞬時に感じとったのですね。

おとなは「甘い雨?」と意味を先にとらえてしまって、純粋に音の響きをたのしむことがなかなかできません。残念ながら、子どもたちがもっている、ことばの中に音のたのしみを見つける鋭敏な感覚は、年とともに弱まり、失われていくように思われます。であるからこそ、その感覚が鋭敏なうちに、わらべうたをはじめとする韻律をともなったことばをたっぷり聞かせてやりたいと思います。

読書興味の発達の四段階

アメリカの図書館学校で学んでいたとき、子どもたちの読書興味は、四段階を経て発達すると教わったことがあります。すなわち、第一は韻律のある物語や詩を喜ぶ時期、第二には生活に根ざした現実的な物語をたのしむ時期、つづいて空想的な物語に向かう第三の時期、そして、最後は、神話、伝説、英雄物語などに興味を示す第四の時期です。もちろん、本を読む子どもたち全部が、この順序で、この段階を追って本を読んでいくというわけではありませんし、それぞれの時期は重なり合っているのがふつうです。ただ、経験的にいっても、この区分は妥当なものと思われます。そこで、おおむねこの段階にそって、それぞれの段階での子どもの読書の望ましい姿を考えてみることにしましょう。

第一段階は、年齢でいえば、生まれてから三、四歳ぐらいまでと考えたらよいでしょうか。この時期にわらべうたが大事だということは、すでに申し上げました。そして、実際、子どもたちはわらべうたが大好きです。お話でも、リズムのあるお話、くりかえしの多いお話、歌が入るお話などを喜びます。この時期には、詩や歌など、韻律のあるものが、たっぷり耳から入ってくることが望まれます。

同じわらべうたでも、〇歳、一歳のときは、からだの動きをともなった簡単なことばと旋律のくりかえしをたのしんでいた子どもたちも、三、四歳になってくると、ことばだけのもの、長くて物語への萌芽が見られるものなどを喜ぶようになります。たとえば、「お月さまいくつ、十三七つ」ではじまるわらべうた。「油買いに行って、油屋のかどで油一升こぼした、その油どうした、犬がなめてしもうた、その犬どうした、太鼓に張ってしもうた、その太鼓どうした、竈《かま》にくべてしもうた、その灰どうした、麦にまいてしもうた、その麦どうした、雉《きじ》が食ってしもうた、その雉どうした、山の奥へ立っていった……」と、つづいていくものなど。

イギリスのわらべうたであるマザーグースのなかの「これはジャックのたてたいえ*」なども、同じです。「これはジャックのたてたいえに　ねかせたこうじ、これはジャックのたてたいえにねかせたこうじを　たべたねずみ、これはジャックのたてたいえにねかせたこうじをたべたねずみを　ころしたねこ……」と、つながっていって、ついには「これはジャックのたてたいえに、ねかせたこうじを、たべたねずみを、ころしたねこをいじめたいぬを、つきあげたねじれたつのの　めうしのちちをしぼった、ひとりぼっちの　むすめにキスした、ぼろをまとった　おとこをけっこんさせた、つるつるあたまの　ぼうさんをおこした、はやおきのおんどりをかってる、むぎのたねまく　おひゃくしょう」というところにいきつきます！

こうして因果関係や時の経過で、できごとがつぎつぎとつながっていくようすをうたったわらべうたは、歌から物語への移行と見ることができます。伝承のお話のなかには、このようにことばがつぎからつぎへと積み重なっていくものが数多くあり、わらべうたのなかの、こうした積み重ねうたは、子どもたちに物語受容への準備をさせているといえるかもしれません。

いずれにしても、三歳になると、もう子どもたちは、お話をたのしむことができるようになります。読書という面からいっても、三歳は一つの節目です。よくこのころから反抗期がはじまるといわれますが、「いや」を連発したり、「ぼくが」「わたしが」と自己主張をはじめたりするのは、自分というものをしっかり認識するようになったことを表しています。

自分という意識が芽生えると、他者を認識することも可能になります。物語をたのしむには、他者である主人公と自分とを一体化して、主人公の冒険をあたかも自分が体験しているように感じることが肝要ですが、この一体化ができるようになるのです。絵本や物語の中の、自分とは違う人物に自分を重ね合わせてお話をたのしむこと＝代経験で、子どもの世界は飛躍的に広がります。

○○ちゃんのおはなし

このあたりが、第二段階のはじまりでしょう。三、四歳から五、六歳にかけてのこの時期には、子どもたちはどんどんお話をたのしむようになります。でも、いきなり日常生活からまったくかけ離れたお話に入るのではなく、身のまわりで見聞きするものが出てくるお話、自分の体験に近いお話など、子どもにとって親しみのあるものをお話のなかに見出すことを喜びます。自分の知っているものを鍵に、想像の世界へ踏み込んでいくのです。すでにこのころから本格的な昔話にすっと入っていく子どもたちもいますが、それも、どこかに自分の体験に重なる、親しみのある要素が入っている物語が多いようです。たとえば、グリムの昔話の中では、「赤ずきん」や「おおかみと七匹の子やぎ」などが、典型的な幼い子向けのお話ですが、前者はお使い、後者はお留守番と、子どもたちが実際体験するであろう出来事が軸になって物語が進んでいきます。

この時期、子どものまわりにいるおとなの方たちに、わたしがとくにお願いしたいのは、子ども自身を主人公にした即興の作り話を語ってあげてほしい、ということです。これは、何も波乱万丈で、起承転結と形の整ったお話である必要はまったくないのです。夜寝る前、その子が昼間したことを、お話のようにしてたどってゆくだけでいいのです。「あるところに、○○ちゃん(子どもの名前)という男(女)の子がいました。ある日、○○ちゃんは、おかあさんとスーパーへお買物にいきました。」というように。

お話なんてつくれない、とおっしゃる方も、実際にしたことをたどることならできるでしょう。買い物にいって、実際に買った品物を列挙するだけでもいいし、途中で見たこと、会った人などから、話を発展させてもいいのです。ちょっと遊び心を働かせるなら、子どもがほしがったけれども買わなかった品物を、それも大量に買うことにしてもいいかもしれません。「チューインガムを百個、チョコレートを千個、ジュース一万本」とかいうふうに。きっと、子どもは大喜びすることでしょう。

お話づくりに行きづまったら、子どもの助けを借りるのも手かもしれません。「○○ちゃんがあるいていくと、道の向こうから……何が来たと思う？」と、誘導尋問(?)をして、話をつづけてもいいのです。子どもたち自身をお話づくりに参加させることで、親としては、子どものこころの中で起こっていることを垣間見ることもできるでしょう。

石井桃子さんは、たぶん四歳ころの思い出として、お兄さんが汽車に乗って、おうちのある浦和から東京に行って帰ってきた話を、あきることなく、くりかえしせがんだことを記していらっしゃいます。それは、「つぎの駅につくと、「わらび、わらび！」と駅の人がいって、そのつぎの駅につくと、「かわぐち、かわぐち！」と駅の人がいって、それからまたつぎの駅につくと、「あかばね、あかばね！」と駅の人がいって……」といって東京に着き、またその逆の順序で帰ってくるというだけのものだったそうです。おとなになって考えると、なぜそれがそんなにおもしろかったのかわからないけれど、「べんとう！　べんとう！」と駅弁売りが来るところなどで、ひっくりかえって喜んだことだけは、はっきり憶えている、と。

まだ東京というところへ行ったことのなかった幼い石井さんにとって、東京行きは大冒険のように思われ、それが興奮をさそったということもあるでしょうが、それだけではなく、一定の間隔を置いてくりかえされる、駅名を呼ばわる駅員さんの口調に、「韻律のあることば」のおもしろさを感じていたのではないでしょうか。幼い子どもにとっては、これだけでもう「物語」になるのです。単純にことばをつなげるだけでよいのです。ぜひ、当の子どもを主人公にしたお話を語ってあげてください。

あるところで、この「即興作り話」をおすすめしたところ、それを聞いていらっしゃったある年配の幼稚園の先生が、「そういえば、うちでは、主人がふたりの息子たちに、毎晩、お話をしていました」と、なつかしそうに思い出話をしてくださったことがあります。そのお話は、単純この上なく、かつ、いつも同じときまっていたそうですが、それにもかかわらず、子どもたちは毎回大喜びしていたということです。それは、こんなふうなお話だったそうです。

山の上から、お父さんが転がって、お池の中に落ちました。**ドボーン。**
(長男の名前)ちゃんが転がって、お池の中に落ちました。トッポーン。
(次男の名前)ちゃんが転がって、お池の中に落ちました。ポッチャーン。

おかあさんが転がって、お池の中に落ちました。**バッシャーン！**

そう話されるご本人のからだつきを見ると、このお話の成功が確信できました！「どんぐりころころ」が下敷きになったお話だと思いますが、うかがっていると、幼い息子さんたちの笑い声が耳元で聞こえるようでした。おそらく成人した息子さんたちは、今でもおとうさんのこのお話を覚えていることでしょう。

そうです。こんな簡単なことでいいのです。夜寝る前のひとときが、こうした即興のお話で彩られるなら、どんなにたのしいことでしょうか。こうしたお話は、子どもたちに、自分たちのしたことや見聞きしたことを、言語化(文章化)する体験になります(逆に、ことばや文章からその内容をつかむ助けにもなります)。これは、とりもなおさず読書への準備です。

また、自分を主人公にした物語を聞くことは、大げさにいえば自尊心、少なくとも自己肯定感を育てますし、語ってくれるおとなの関心を独占する満足をも得ることができます。そのうえ、当事者しか知らないことを題材にすることで、話し手と聞き手の親密感は、いやでも高まります。「○○ちゃんのおはなし」は、家族をつなぐ、子ども時代の貴重な思い出として、のちのちまで心に残るのではないでしょうか。

空想世界をたのしむ

とはいえ、生活に根ざし、自分の知っている世界と、自分が体験したことだけでなりたっている現実的な物語は、ながく子どもたちの興味をつないでおくことはできません。四、五歳から八、九歳にかけては、第三段階の前期、すなわち空想的な物語への興味が芽生え、育つ時期です。もちろん、一方で現実的な物語もたのしむでしょう。でも、想像力を刺激し、より自分の世界を広げてくれる空想物語が求められる時期なのだと思います。

この時期、子どもたちの空想への要求をいちばんよく満たしてくれるのは、昔話だと思いますが、昔話については、つぎの章でくわしく述べることにしましょう。こうして空想物語に親しんだ子どもたちは、第三段階後期ともいうべき八、九歳から十二、三歳ごろにかけては、本格的なファンタジーをたのしむようになるでしょう。この時期を過ぎると、子どもによっては、空想の世界に無条件で遊ぶことがむずかしくなります。思春期前期は、ファンタジーをたのしむ年齢の臨界期といえるのかもしれません。

幼い日には韻律のあることばを無条件で喜んだ子どもたちが、大きくなるにつれて、ことばの音楽に反応する感覚を少しずつ失っていくように、空想を心底たのしめた子どもたちも、大きくなるに従って、残念ながらその能力をなくしていきます。そうであるからこそ、この時期に、思いっきり想像の翼を広げ、空想の世界に遊ぶたのしさを体験して、それを心のなかに蓄えておくことが望まれるのです。

男の子に多いのですが、この時期、図鑑類にのみ興味を示し、お話の本には手をださない子どももいます。でも、心配したり、無理に別の本をすすめたりする必要はないと思います。そういう子どもたちは、自然のなかにふしぎを見出して、想像力を刺激され、物語が与えてくれるものとは違うルートで空想をたのしんでいるのだと思います。子どもたちは、口では説明できなくても、その時期、その時期に自分が求めているものを、よく知っているものです。子どもは、それぞれのやり方で成長していくもので、まわりのおとなにできるのは、ゆとりをもって見守ることだと思います。

深く考えるための読書

十一、二歳から十五、六歳は、第四段階になるでしょうか。思春期と呼ばれるこの時期には、空想的な物語よりも、神話、伝説、英雄物語のほうが、子どもたちの内的要求によく応えてくれる、と、その昔、図書館学校で教わりました。でも、実際には、この年齢の子どもたちが、神話、伝説、英雄物語に集中する姿を目にすることは、わたし自身、残念ながらできていません。それは、ひとつには、この年齢の子どもたちが、図書館に来ることが非常に少ないことと、現在ではこの年齢向きのフィクションが数多く出版されていて、読むものの選択の幅が広がっていること、上手にすすめられるのでなければ、子どもたちは、おそらくなじみのない神話、伝説、英雄物語には手を出さない、といったことによります。

とはいえ、自意識をもつ、因果関係を把握する、合理的に考える、などのことができるようになったこの時期の子どもたちは、本来ならこの種の物語に興味をもつのが当然だと思います。自然についても、社会についても、「なぜ?」と考え、自分の生き方のお手本となるロールモデルを求める時期だからです。たとえ直接神話や英雄物語などに手を出さなくても、この時期の子どもたちが本に求めているものは、それらの物語がわたしたちにさしだしてくれるもの――すなわち、この世界をどうとらえるかというとらえ方、この世界に働く善や、悪や、人間の根源的な情動の力、英雄が体現している徳や価値、その苦悩と戦いといったもの――であることには違いないでしょうし、他のフィクションやノンフィクションを読んでいるときにも、そのなかに、それらの要素を求めているのだと思います。

個性的な生き方をしている人たち、社会のために意味のある働きをした人たちの話を聞いたり、伝記を読んだりすると、多くの人が十代で、その先の自分の人生についてかなりはっきりしたイメージを描いていることがわかります。この時期は、本来、生き方の方向をさぐり、ほんとうに深く考えるときです。この時期にこそ読み応えのある本をしっかり読んで、実のある読書体験をしてほしいものだと思うのですが、公共図書館でも、学校図書館でも、この時期、本から離れていく子どもが多いことが報告されているのは、憂うべきことです。

「いそがしい」「時間がない」というのが最大の理由のようですが、子どもたちにそれほどのいそがしさを強い、時間を奪っている活動が何なのか、それは、子どもたちが、自分自身について、社会について、ゆっくり考えるのを妨げなければならないほど重要なものなのかと問いたくなります。

物語を生きる子ども

昔、何かで、ほんとうに人をつくるのは十六歳までの読書だという意味のことばを読んだ憶えがあります。なぜ十六なのか、その根拠はわかりません。けれども、ひとついえることは、この十五、六歳というのが、経験的にいっても、本の読みかたに大きな質的変化が起きる時期だということです。子どもの本の読みかたは、おとなのそれとは違います。わかりやすいので物語(フィクション)を例にとって考えてみると、子どもの場合は、主人公と完全に一体化して読むのがふつうです。また、物語世界への没入の度合いが徹底しています。子どもは、主人公になりきって、すっぽり物語の中にはいりこむことができるのです。夢中になっているときは、それこそどこにいるかも、自分が何者かも忘れてしまいます。

あるとき、図書館の仲間たちと話していて、子どものとき、親からよく、「本を読んでいると、呼んでも返事をしない」と、叱られたということが話題になりました。本が好きな者たちの集まりですから、だれしも憶えがあり、「そう、そう」「わたしも」ということになったのですが、そのとき、ひとりの人が、いみじくも「だって、そこにいないんだもの!」といったので、大笑いになりました。そうなんです。本の中の世界にはいっているときは、「そこにいない」のです。それほどの集中が可能なのは、子どものときをおいてほかにありません。

また、幼い子どもたちの遊びを見ているとわかることですが、子どもたちは、「みたて」や「つもり」の天才です。瓦のかけらをカツレツに見たてててままごとをし、かいじゅうになったつもりであばれまわります。

イギリスの児童図書館員の大先達で、すぐれたお話の語り手であったアイリーン・コルウェル*さんから聞いたのですが、彼女が、幼い子どもたちの集まりにお話をしに行ったときのこと。はじめに、子どもたちと親しくなるきっかけにと持っていったおさるの指人形を出して、このおさるさんはおなかがすいているのだ、といったのだそうです。すると、聞き手の子どものなかのひとりが、すぐバナナをさしだしてくれました(うそこのバナナです)。指人形のおさるは、

おさるの人形を手に，子どもたちに話しかけているアイリーン・コルウェルさん

皮をむき、バナナを食べました。

それから、さて、コルウェルさんが、お話をしようと椅子に腰をおろそうとしたとたん、子どもたちから、いっせいに「ああっ！　だめ！」と、声が上がりました。その椅子は、さっきおさるがむいたバナナの皮をおいたところだったのです！　子どもたちには、椅子の上におかれた、うそこのバナナの皮がちゃんと見えていたのです。

この「何かを何かに見立てる力」「何かになったつもりになれる力」「見えないものを見る力」は、子ども特有の能力です。本を読むときにも、この能力はいかんなく発揮されます。主人公との完全な一体化が可能なのは、子どものこの特性によります。すぐれた物語に出会えば、子どもは、文字通り「物語を生きる」ことができるのです。生きられた物語は、当然のことながら、子どもの中に深い刻印を残し、いわば子どもの精神世界の骨格となり血肉となって、のちのちまで長続きする影響を与えます。

どんなにすばらしい作品であったとしても、おとなの読者が、これほどの集中と、作中人物との一体感をもって本を読むことは、非常に稀、いや、まず不可能といっていいでしょう。読んでいるあいだ、たえず「読んでいる自分」の意識があり、夢中になりつつも、どこかに批判的な見方が働いていますから。十六歳までの読書だけが、ほんとうにその人のものになるのだという説は、こういうことではないだろうかと、わたしは考えています。

現在、子どもたちをかりたてているいそがしさの故に、中学、高校と、いちばん充実した読書生活をしてほしい時期に、十分本が読めていないという状況はたしかに深刻な問題ですが、それでも、幼い日に本と出会い、本がたのしいものだという体験をもって育ってさえいれば、人は、ほんとうに必要になったときには、自分が必要とする本に手をのばすはずだと、わたしは信じています。

十代になって、本はきらい、読書は苦手という若者は大勢いますが、三、四歳で、絵本を読んでもらうのがきらい、お話を聞くのはいやという子はいません。この時期、おとなが手を貸して、本への道をつけてやれば、生涯にわたる本とのつきあいの基礎ができるのです。だから、ぜひその出会いの機会をつくってやってほしいと思います。

読み聞かせ適齢期

この章のはじめで、わたしは、子どもを本好きにするふたつの手立ては、生活の中に本があることと、おとなが本を読んでやることだと申しました。その読んでやることについて、少しふれてみましょう。おとなが子どもに本を読んでやること、とくに集団の子どもたちに本を読むことは、ふつう「読み聞かせ」といわれています。

近年、「聞かせる」ということばには、おとなの押しつけがましさを感じるといってこれを避けようとする動きがあり、代わりに「読み語り」ということばを使う人もいます。わたし自身は、「読み聞かせ」ということば自体に、それほど抵抗を感じていないので、ここでもそのまま使うことにします。わたしの意味するところは、英語でいうReading Aloud、つまり単純に「声に出して読む」ということだとご理解ください。

さて、読み聞かせをいつからはじめるかということに関しては、すでにあまり急がないようにと申し上げました。本という第三者がはいってくるまえに、親(養育者)と子どもが直接向き合って、安定した関係をつくってほしい、と。それができていることを前提に、いよいよ本が登場するのは、自分も本が好き、子どもにも本が好きな人間に育ってもらいたいと願っているおとなにとって、わくわくする瞬間ですね。

先にいったことと矛盾するように思われるかもしれませんが、まわりのおとなと安定した愛着の関係ができている場合には、早い時期に本が登場してわるいことはありません。重い障害をもって生まれたお孫さんを、それこそ生まれ落ちてすぐの段階から絵本とともに育てた体験を『クシュラの奇跡』*という、すばらしい本の形で記録したドロシー・バトラーさん*は、八人のお子さんと、おそらく今も数を増しつつある大勢のお孫さんを育てたご自分の経験をもとに『*Babies Need Books*(赤ちゃんには本が必要)』*という本を著されました。

ニュージーランドの読書教育の第一人者で、子どもの本専門店の店主でもあるバトラーさんは、この本の冒頭で、「本は、赤ちゃんのときから、子どもの人生に何よりも大きな役割をになうべきであると、私は信じています。親やまわりの大人の助けを得て本にしたしむことは、子どもが、幸せで前向きな人間になる可能性を大きくします」と、力強く述べておられます。

バトラーさんがこう主張する根拠は、何よりもご自分の子育ての体験です。子どもとともに本を読むことで得られた幸福感と幼い日の読書体験が、必ずや子どものことばを育て将来によい実りをもたらすであろうという直感から来る信念が、長年にわたって彼女の仕事を支えてきました。一九九八年に出版された上記『*Babies Need Books*』の改訂版の中で、バトラーさんは、近年の脳科学、神経生理学の研究によって、幼い日に本にふれることは、発達しつつある脳に「回路をつける」のに役立つこと、単に概念や体験を貯めていくだけでなく、脳の形成を促進し、脳が有効に働く器官となっていくことを助けていることがわかった、と述べ、体験や直感によってつくりあげ、あたためてきた自分の考えが、科学者の研究によって信認されたことに大きな喜びを感じるとおっしゃっています。からだの成長に食べものが必要なように、知能や感情の発達には刺激が必要ですが、本は、何よりも上質の刺激を提供することができるのです。

でも、もちろん、本さえ与えればよいわけではありません。親(養育者)が期待をもって本をさしだし、それに対して示す子どもの反応を喜び、双方がたのしい思いを味わうことで、初めて本がよい刺激になるのです。くりかえすようですが、まわりのおとなとのよい関係の中で、子どもが本と出会えることが大事なのです。早教育の訓練手段として、たのしさ抜きに与えられる本は、発達を促す刺激にならないことは、これまた科学者たちが証明しているところです。

バトラーさんの本は、題こそ「赤ちゃんは本を必要としている」というものですが、中身は、邦訳の副題にあるように、「〇歳から六歳まで」の読書案内です。バトラーさんの長年にわたる体験に基づいたアドバイスとともに、実際に子どもたちと読んで、反応を確かめ、自信をもってすすめられる本を、行き届いた解説つきで紹介するブックリストです。ここでカバーしているのは、生まれてから学校へ上がるまでの子どもたちの読書です。学齢以前、つまり、まだ字が読めないこの時期は、読書にとっては、もっとも決定的な意味をもつ時期、岡本先生のことばにならっていうなら「読書の胎生期」といっていいと思います。そして、この時期こそが、おとなが本格的に子どもの読書に関わることのできる、短い、貴重な時期——読み聞かせの最適齢期(?)なのです。

字が読めないことは力

ここで、字が読める、字をおぼえるということについて、わたしがふだん感じていることをお話ししておきましょう。一章で、字をおぼえるのは遅いほうがいいと思うと申し上げましたが、それは、子どもに本を読んでやっていると、字が読めないということは力だと思えるからです。この表現が適当でないとすれば、字の読めない子は、字が読めるようになった子のもっていない能力をもっている、といったらよいでしょうか。

たとえば一冊の絵本を子どもの前で開いたとしましょう。そこには、木に囲まれた小さな家があって、ひとりのおばあさんの姿が描かれていたとします。それは、ただの絵なのですが、読み手であるわたしが、「むかし、ある森の中にひとりのおばあさんがすんでいました」と読むと、たちまち絵のなかの世界がたちあがり、森を舞台におばあさんが動きはじめる、という感じがすることがあるのです。

これは、まだ字を読めない幼い子に読んでやっているときにしか起こらないふしぎな感じです。ことばにはなにかを生起させる力がありますが(「開けゴマ!」などという呪文がそうですね)、字の読めない子どもは、その力を信じているように見えます。少し大げさな表現を使えば、ことばに対する畏敬の念があるのです。それが、字をおぼえると急速に消えていきます。三、四歳で「もう自分で読めるから」と文字をたどっている子と、読み手のことばに聞き入っている子とでは、物語への入り込み方の深さの違いは歴然としています。一方は物語世界の奥へ分け入っていきますが、一方は事実や現象を追認しているだけ、という感じです。

ことばをこころに刻む能力も、文字をおぼえると同時に低下します。幼い子に本を読んでやっているとき、ちょっとした読み間違いを即座に指摘された経験はありませんか。一度しか読んでやっていないのに、と驚く人は多いのです。それほど耳からのことばは深く届くし、人は生来ことばを記憶する能力があるのです。伝承の語り手たちは、その能力によって、ときには数百もの昔話を、記憶にとどめ、何十年にもわたって語ることができるのです。わたしも、そのような語り手のひとりとお近づきになりましたが、彼女は、わたしが一度だけ語った外国の昔話を、次に会ったとき、そっくりそのままわたしに語ってくれました!

ストーリーテリングの研究者で、恵まれた語学の才能を生かして、世界各地の語りの実状を調べたアン・ペロウスキー*さんから聞いた話ですが、語りの伝統が生きているアフリカでは、たいていの子どもたちが、ひとつやふたつ物語を語ることができるものだそうです。ところが、地域に学校ができて、子どもたちが字を習うようになると、語れなくなってしまう、というのです。どうやら、わたしたちは、文字を獲得するのと引き換えに、それまでもっていた能力を失うのではないかと考えざるをえません。失うというよりは、その能力を十全に発達させる機会を失うということでしょうか。その「失う」能力は、実は、読書のためには欠かすことのできない力――ことばをこころに刻む力、ことばに対する信頼、想像力を目いっぱい伸ばしてことばの奥に世界を創り出す力なのです。

学校へ行くまでに、人より半年、一年ほど字をおぼえるのが早かったり、遅かったりすることが、十年後にどれほどの差を生むでしょうか。子どもが興味をもって習いたがったり、ひとりでにおぼえてしまったりするのはよいとして、耳からのことばをまず蓄えるべき幼児期に、無理に字を教え込もうとすることは、けっして賢明なことではないと思います。

本を読むためには字が読めなくてはならないのは事実ですが、逆に、字が読めれば本が読めるかといえば、そうでないことはおわかりでしょう。日本の場合、義務教育を終える十五歳のころ、字が読めない子どもは皆無といっていいほどでしょう。でも、このころまでに、本をたのしみのもとと感じ、本を自分の世界を広げる手段として活用することを身につけている子どもは何割いるでしょうか。幼いころは、どの子も、お話が好き、絵本が好きなのに。

ということは、成長のどこかの段階で、本やお話が「たのしいこと」でなくなっていったのですね。人間、たのしいことは、別にすすめられなくても、自分からするものです。いやなことは、いいことだとわかっていても、なかなかする気にはなれないものです。読書が習慣として根付くためには、本を読むことはたのしいことだという体験をもつ必要があります。そして、親や先生など、子どもたちが大好きで、いっしょにいて安心していられるおとなに、本を読んでもらうことほど、子どもにとってたのしいことはないのです。ぜひ、子どもに本を読んでやってください。

何を読むか

では、どんな本を読めばいいのでしょう、という質問が出るかもしれません。本を選ぶということは、とてもむつかしいことで、一口で答えることはできません。本を選ぶということについては、四章で、改めてくわしく考えることにして、ここでは、とりあえず、「先輩の助言を聞くこと」だといっておきましょう。もし、近くに本の好きな人で、子どもを育てた経験のある人がいたら、お子さんがどんな本を喜んだか尋ねてみるのも、そのひとつです。近所に図書館や文庫があれば、そこの人に聞いてみることもできます。

さらには、「先輩」の経験から生まれたブックリスト*を利用するのも手です。ちょっと調べれば、たくさんのブックリストが出ていることがわかります。図書館で出しているもの、絵本や児童文学に詳しい個人や団体が出しているもの、出版社が出しているものなど、いろいろなブックリストがあります。これらのブックリストは、目的や、対象、選ぶ基準などはさまざまですが、少なくとも、子どもの本について一定の経験をもつ先輩たちが、自分たちの体験と評価基準に照らして選んだ本を載せているのがふつうです。

また、その多くが、子どもの反応をみて、とくに喜ばれたもの、くり返し読まれているもの、ながいあいだ読み継がれているものを選んでいます。ということは、リストにのっている本は、すでに、本をたくさん読んできた人たちが満足したもの、ほかの子どもたちが試した結果、淘汰されてきたもの、といっていいでしょう。つまり、先輩の読者から新しい読者への申し送りといってもよいのです。この先輩の知恵を借りない手はありません。

リストを利用することのよい点は、本屋においてあるものより幅広い選択ができるということです。残念ながら、一般の書店は、新刊書を中心に品揃えをしているのがふつうですから、大勢の子どもたちが喜んで読んできた本で、今でも手にはいるものでも、少し前に出た本は、店頭には並んでいないということが多いのです。

図書館を利用するのは、もちろん大事なことです。ただ、あまり蔵書のたくさんある図書館は、そのなかから選ぶのがむつかしいかもしれません。どの図書館にも、子どもの本のことをよく知っていて、アドバイスをしてくれる図書館員がいればいいのですが、残念ながらそうとは限りません。でも、近くに図書館のある方は、まず行って、児童室の書架を見てみましょう。

アメリカの図書館の小さな分館で働いていたとき、毎週金曜日の夜に、一家でそろってやってくる家族がありました。おとうさんにおかあさん、それに子どもが三人。それぞれが時間をかけて本を選び、貸出冊数目いっぱい借りて、両腕に抱えて帰っていきます。ああ、いいな、うらやましいな、こんなふうに図書館を利用する習慣が暮らしのなかに定着していて、という思いで、この家族を見ていたものでした。

子どもがうんと小さいときは、その子用の本は、一冊か二冊買ったほうがいいでしょう。なめたり、かじったりすることがありますから。でも、もし、近くに図書館があるなら、あるいは子ども文庫があるなら、本を借りることをおすすめします。家に本がたくさんある家庭、欲しい本は全部買うことのできる家庭でも、図書館を利用することをすすめるという、ある方の意見を読んだことがあります。その理由は、「共同でものを所有することの喜び」を、子どもに体験させたいからだ、というのでした。なるほど、と納得しました。

借りて読むなら、図書館の本は、みんなが読むのだから、ていねいに扱おうという教育もできるのですね。そして、図書館で借りた本のなかで、なんども、なんどもくり返して借りたがる本にであったら、そのときには、その本を——お誕生日や、クリスマスの機会に——買ってあげるのはどうでしょう。それが、かしこいやり方のように思えます。

くりかえし読む

くりかえし借りたがるということに関連していえば、子どもは気に入った本に出会うと、くりかえし、くりかえし、読んでもらいたがります。たいていのおとなは、何回目かにあきてしまって、子どもがその本をもってくるとうんざりします。うちの子は、偏執狂じゃないかしらと心配する親御さんさえいます。いいえ、そんなことはありません。これは、子どもにとっては、ふつうのことです。三か月や四か月、同じ本をくりかえし読むのはざらで、八か月、九か月というのも珍しくありません。一年以上にわたって、同じ本を読みつづけることもあります。図書館に来るたびに、いそいそと『ぐりとぐら』*をもってわたしのところへやってきて、「読んで」とせがんだ子もいました。それも、二年近くつづいたと思います。

同じ本を同じように読んでもらっていても、おそらく子どもは、その都度何か新しい発見をしているのだと思います。あるいは、そのときどきに必要としているものを本から得ているのだと思います。そうでなければ、それほどくりかえし読んでもらいたがりはしないでしょう。

また、その本が、読むたびに新しい何かを提供しなければ、それほど長い間、子どもをひきつけておくことはできないでしょう。幼い日に、こうした「くりかえし読むに耐える」本に出会うことは、ほんとうに幸せなことなのです。

今は、非常に数多くの子どもの本が出版されています。けれども、子どもの場合、ことに幼い子どもの場合、数多く読むことがいいこととはいえません。むしろ、数は少なくてもお気に入りの本があり、それをくりかえし読んで、たのしむことのできる子どものほうが、本と実質的な、深い関わりをもっていると思います。つぎからつぎへ新しい本を読んで、そのなかに「わたしの一冊」「ぼくの一冊」といえる本を見つけられないことのほうが、むしろ心配すべきことのように思います。どうか、「ああ、またか!」と思っても、つきあってあげてください。そうすれば、ある日、ふいにその本から卒業するものです。

くりかえしにつきあうことと同じように、よく受けるご質問は、いったいいつまで読んでやったらよいものでしょうか、というものです。「子どもがいやがるまで」というのがわたしの答えです。字が読めない子に読んでやるのは当然のことです。でも、読めるようになった子に読んでやっていけない理由はありません。自分で読める子にも読んでやる理由はあります。

そのひとつは、子どもが耳でことばを聞いて理解する能力は、目から活字を読み取って理解するそれとくらべて数段先をいっているということです。スピードも違います。ですから、読む力に合った内容のものは、子どもの知的な冒険心を十分満足させるものにはならない場合が多いのです。おもしろい本でも、読書力がついていけないために、途中で諦めざるを得ないことも起こります。そこを読んでやることで補ってやれば、成長の最先端をいく内容の本にふれることができ、本に対する信頼、期待の念を失わずにすみます。らくに読める本だけ読んでいたのでは、十分な刺激を受けることがなく、本に対する要求水準が下がってしまいます。

もうひとつの理由は、読み聞かせでは、声の中に自然に表出される読み手の読解力、解釈、表現力などが、そのまま聞き手に伝わることです。少なくとも子どもたちより長く生きてきた分、おとなは読むことばに経験の裏づけをもっています。読むとき、それはおのずと声のなかに表れるものです。子どもは、その声を聞きながら、本の内容だけでなく、そこにこめられた読み手の心の動きや、本の味わい方を受け取ります。おそらく自分で読んだのでは感じなかったかもしれないおもしろさを感じ取ることができるはずです。その結果、将来自分でどんどん本を読むようになったとき、いつのまにか、より深く本を味わう力が身についていたことを発見することになるでしょう。読み聞かせによる「耳からの読書」は、「目からの読書」の力を育てる意味でも、非常に大切なことなのです。

親と子のこころをつなぐ本

さらにいえば、読み聞かせは、親と子が一冊の本を仲立ちに、深いこころの交流をする機会でもあります。読んでやっていて、ふと見ると、子どもの目に涙が浮かんでいるのに気がつき、その子のなかにある、ふだん見ないものを見たとおっしゃるおかあさん。読んでいるうちに、読んでやっていることを忘れて、思わず笑い出してしまったおかあさんに、なんども、なんども同じ箇所をくり返して読ませた子ども。作中人物のせりふに、読み手である父親の深い思い入れがあるのを感じとって、そのことばが折にふれてよみがえるようになったという青年。日常の生活の中では、こころの深みにふれる会話をすることはめったにありませんが、本を通してなら、さほど気恥ずかしい思いもせずに、真面目な話題も口にすることができます。また、とりたてて話し合わなくても、本を共有するだけで、通じ合うものを感じることができるでしょう。

そのようにして、親子で大好きな本をわかちあいながら育った子どもが、大きくなって、何か問題に突き当たったときなど、本棚から幼い日の愛読書を取り出して、じっと眺めていたりする姿を、何人ものおかあさんたちが目撃しています。思春期のむつかしい時期に、まったく親と口をきかなくなった息子が、子どものとき親子でいっしょに読んだ本のことを話題にしたときだけ表情がなごんだとおっしゃったおかあさんもいました。幼いこころに深くしまいこまれた、親子でともに読んだ本の記憶は、成人したあとも、人が安心してこころの錨をおろすことのできる港になっているようだとは、おかあさん方からわたしがよく耳にすることばです。

それに、何より子どもに本を読んでやるのは、たのしいことです。わたしは、何年か前に、全国にある三十年以上活動をつづけているボランティアの手になる子ども文庫を百か所ほど訪ねたことがあります。そのとき新鮮な驚きだったのは、文庫を主宰している人のなかに、子どものときは本を読まなかったという人がかなりの割合でいたことです。

長く文庫をつづけている人は、小さいときから本が好きだったのだろうときめてかかっていたのですが、そうではなかったのですね。子どもができて、子どものために本を読んでやっているうちに、自分がおもしろくなってやめられなくなったという人が何人もいたのです。そういう方は、きまって、子どもといっしょに読むのは、ひとりで読むのとは違った特別のたのしみがあるとおっしゃいます。子どもをだしにして、実はわたしがたのしんでいるんですよとおっしゃる方もありました。あるおとうさんは、娘さんに、「小さいときに、いっしょに本を読んでたのしませてくれた以上の親孝行はいらない」とまでいっているそうです。そんなたのしいことをせずに子育ての時期をやりすごすのは、もったいないというべきではないでしょうか。

最後に、もうひとつだけ、ぜひいっておきたいことがあります。それは、読んだあとのことです。本のなかに出てくることばをおもしろがって家族で合言葉のように使うとか、本のなかの出来事をヒントに○○ごっこといった遊びをするとかいった、自然に生まれるたのしいことは、大いにおすすめしたいと思います。でも、ときどき学校などで先生がするように、感想を尋ねたり、作文を書かせたりすることは、家庭ではなさらないでください。基本は「読みっぱなし」でいいのです。あとは、子どものこころのなかで、そのときどきに子どもが必要としていることにしたがって、読んだものが発酵し、熟成するのを待つのみです。

読後の発酵、熟成ということについていえば、わたしが強く願っているのは、子どもたちに、本を読んだあと、たっぷり遊んだり、ぼんやり空想したりする時間が与えられてほしいということです。読んだ本から遊びが生まれるのは、子どもにとってはごく自然なことです。

保育園で『三びきのやぎのがらがらどん』*を読むと、必ずといっていいほどトロルごっこがはじまります。わたしの文庫でも、『おさるとぼうしうり』*を読んだ子どもたちが、毎週やってきては、新聞紙でつくったぼうしを使って「おさるとぼうしうりごっこ」をして遊びに遊んだ一時期がありました。「ジャックと豆のつる」*のお話を読んだあと、たんすの引き出しを下から順番に段々のように引き出して、たんすの上にのぼって遊んだ思い出を語ってくれた人もいました。『ロビンソン・クルーソー』を図書館から、十回もつづけて借り出した少年は、家の前のほんのちょっとした空き地で、年下の子分をフライデーにして、あきずに無人島ごっこをくり返してたのしみました。

行動する遊びでなくても、本のなかの出来事や、主人公の身の上に思いをはせて、いろんな空想をしてすごすことも大切です。わたしが主人公ならこうする、ぼくならこうすると、さまざまに想像するのも読後のたのしみです。本を読んだあとの、こうした遊びと空想は、読んだ本が子どもの血肉になっていくためには欠かせない、とわたしは考えています。本を読む時間があっても、こうした遊びと空想のための時間がないことが、実は、現在、子どもの読書を実りの少ないものにしている原因ではないかと思われ、このことのほうが、読書離れ云々より重大な問題ではないかと感じています。

生活のスピード、いそがしさは、個人や、一家庭では、解決のできない問題かもしれません。でも、せめてこうした遊びや空想のための時間が、子どもたちには必要なのだという認識をおとなの人たちがもってくださって、子どもたちの貴重な自由時間をぎっしりつまった予定表で埋め尽くし、分刻みで子どもたちをさまざまな活動やおけいごとに追い立てることだけはしないでほしい、と願わずにはいられません。よく遊ぶ子どもは、よくお話が聞けるとは、多くの語り手たちが感じているところです。読んだお話をもとによく遊ぶ子は、お話から多くを得て、ほんとうの意味で読書の実りをわがものにすることができるのです。

子どもたちは、本来お話が好き、本が好きだと思います。幼い日に、子どものまわりにいるおとなの人たちが、本のたのしみを子どもとわかちあい、子どもたちが、本はたのしいものだという体験をもって育つことができるように、ほんのちょっと手を貸してくだされぱと願ってやみません。

三章　昔話のもっている魔法の力

昔話は、今でも、子どもがこころの奥深くで求めているものを、子どもによくわかる形でさし出しています。

昔話のふしぎ／わたしたちの昔話勉強／昔話の表現の特質／こころの内面でなく行動を描く／主人公になって冒険する／リアリスティックな文学でなく、シンボリックな文学／語ることによってつくりあげられた形式／はじまりと結び／くりかえしの手法とその意味／先取りの手法／おとなが抱く昔話への疑問／心理学が教える昔話の意味／昔話の心理分析の危険／昔話はこころの二つの層に訴える／子どもが昔話から得るもの／空想を紡ぐこと／物語の枠組みを体得すること／希望をもつこと／語られてこそ伝わるおもしろさ

──「あいつら、遊びに夢中になって用事を忘れてしまったんだな。しようのない奴らだ!」

そのうち父親は、女の子が洗礼も受けずに死んでしまうのではないかと、心配でたまらなくなり、腹立ちまぎれに叫びました。

「ぼうずども、みんな、からすにでもなるがいい!」

すると、そのことばが終わるか終わらないうちに、頭の上でばたばたと羽ばたきの音が聞こえ、見上げると、真黒なからすが七羽、空高く飛び去っていくのが見えました──

昔話のふしぎ　これは、グリムの昔話「七羽のからす」*の、はじまって間もない場面です。今、お話を聞いているのは、まだ幼い子どもたち。語り手をじっと見つめる子どもたちの顔は真剣そのもので、父親の呪いのことばによって、一瞬のうちに、男の子たちが人間からからすへと変身を遂げることについては、いささかの疑問も抱いているようではありません。子どもたちの関心は、もうすでに、からすに変えられた男の子たちの運命へ、またこの先の物語の進展へと向けられているように見えます。
ところで、この話は、息子ばかり七人いて、女の子をほしい、ほしいと思い暮らしている親のもとに、願い通り女の子が生まれるところからはじまります。その子が弱々しい、小さな子で、今にも死にそうだったため、父親はすぐにも洗礼を授けようと、洗礼に使う水を汲んでくるようにと、息子のひとりを泉へやります。ところが、ほかの六人もいっしょについて行き、めいめい先を争って水を汲もうとしたため、つぼは泉に落ちてしまいます。父親に叱られることを怖れた男の子たちは、家へ帰る勇気が出ず、泉のそばに立ち尽くしています。

一方、家で息子の帰りを待っている父親は……というところで、冒頭のせりふへとつづくわけですが、物語は、ここで、はやくも変身という非日常の世界に突入し、そのあと、ひとり残された女の子が、兄さんたちを救おうと世界の果てまで旅をし、お日さまや、お月さまや、お星さまのところへ行き、ガラスの山で小人に会い……と、スケールの大きい、本格的な魔法昔話の世界が展開していきます。

この物語を子どもたちに語って聞かせたことのある人たちは、異口同音に、この話が子どもたちを惹きつける力が非常に強いことを強調します。ふつう、この話は、小学校中学年・高学年向きと考えられていますが、幼稚園や保育所でも語られており、語り手たちは、幼い聞き手たちが、実によく聞いてくれるというのです。

いったいその子たちは、洗礼とは何か知っているのでしょうか。洗礼を受けずに死ぬと天国へ行けない、というので焦りを感じている父親の気持ちがわかるのでしょうか。キリスト教国でない日本で、生まれて間もない子どもたちが、そのようなことを理解しているとは思えません。それなのに、なんの抵抗もなく話のなかに入りこむことができるのはなぜでしょうか。

昔話については、こうした疑問が数多くついてまわります。わたしの昔話体験は、子どものころ、昔話をたのしんで読んだということにはじまりますが、意識的に昔話に興味をもち、昔話について学びたいと強く願うようになったのは、児童図書館員という職業に就き、その業務のひとつとして、子どもたちにお話を語りはじめるようになってからのことです。

定期的に子どもにお話を語るようになったのは、アメリカの図書館で働いていたときのことですから、かれこれ五十年も前のことになります。この間、わたしは、図書館や学校で、大勢の子どもたちにお話を語ってきました。わたしが語るお話には、作家が子どもたちのために書いた創作の物語も含まれますが、大半は世界各国の昔話、つまり伝承されてきた物語です。それは、わたしが好きだからということもありますが、もっと大きな理由は、子どもたちがよく聞くからです。

お話を語っているとき、語り手と聞き手の間には、目に見えない糸が張られているような感じがあるものですが、昔話を語っているときは、その糸の手ごたえが、創作のお話を語っているときに比べて、格段に強いのです。なぜそうなのか？

わたしの働いている東京子ども図書館では、一九七〇年代のはじめから、子どもたちにお話を語る語り手を養成するために、お話の講習会を開いてきました。毎年、二十名ほどを受け入れ、月一回、二年間をかけて勉強をしていますが、この人たちも、くりかえし昔話を語ります。従って、わたしは、この四十年間、毎月、いくつもの昔話を聞いてきました。よく知っている話を、なんども、なんども聞いているわけですが、それでもあきるということがありません。どうしてでしょう？ ふしぎです。

また、講習会の受講生や、修了生――今では八百名をはるかに超えました――は、全国各地で子どもたちにお話を語っていて、わたしは、いつも、この人たちから、子どもたちがお話をどのように聞いたか、という報告を受けています。そして、わたしがたえず耳にするのは、昔話が子どもたちに訴える力がいかに強いか、という声なのです。

ある人は、学級崩壊を起こしているクラスで、お話をすることになりました。お話を聞こうと前に座ったのは数人で、残りの子どもたちは、教室のうしろで好き勝手なことをしているという有様でした。よほどお話は止めて帰ろうかと思ったのだけれど、前にいる数人の子どもたちを見て、この子たちのためにとお話をはじめたのだそうです。お話は、「小石投げの名人タオ・カム*」というラオスの昔話でした。話の冒頭、語り手が、主人公のタオ・カムが、まだ十にしかならないのに、もう両親をなくしてひとりきりで、その上、足が両方とも不自由で歩けない、といったとき、うしろで騒いでいた子どものうち、何人かの耳がそのことばに反応したようでした。語り手は、目の前の子どもに視線をすえたまま、静かに話をつづけたそうですが、なんと話し終わったときには、ほとんどの子どもが語り手のほうを向いており、二つめのお話のときには、前に来て座ったというのです。

これに類した話は、いくつも聞いています。中学で、お話なんてと馬鹿にして、後ろ向きに座っていた子が、いつのまにか前向きになっていたとか、いちばん集中して聞いてくれた子どもが、あとで先生に聞くと、授業をまともに聞いてくれたことがない問題児だったとか。また、学校にお話に行って、先生方からよく耳にするのは、「子どもたちが、あんなふうによく聞くとは思わなかった。よく聞くもんですねえ」という驚きのことばです。まるで語り手が魔法をかけたかのようにいわれることがありますが、それは語り手の力ではなく、お話そのもの、つまり昔話のもっている魔法の力なのです。

実際、昔話を語っていると、語り手も聞き手も、ともに魔法にかけられたと感じる瞬間があります。そんなとき、子どもたちの目は、語り手を見ているようでいながら、実は、そのずっとさきに物語世界そのものを見ているに違いないと思わせられ、語り終わると、どこか遠くへ旅をして帰ってきたような気がするのです。事実、話のあとで、子どもから、「ぼくと一緒にみんなの知らない世界へ行ってきたんだよね」と、秘密を共有しているとでもいいたげに打ち明けられた語り手もいます。

昔話について勉強する　五十年子どもと本に関わる仕事をしてきたなかで学んだことのうち、いちばん大きなことはなんですか、と聞かれれば、わたしは、それは昔話の底力を知ったことだと答えるでしょう。荒唐無稽だ、決まりきった筋立てでおもしろくない、勧善懲悪でつまらない、残酷だ、非科学的だ、といったおとなからの非難をよそに、子どもたちは、今も、昔話に耳を傾け、心を奪われています。本来は、おとなも子どもも共有していた昔話は、ここ二百年ほどのあいだに、おとなの文学の世界から追放され、ある人の表現を借りれば、「子どもも部屋に押し込められて」しまいました。

それでも、昔話が子どもの世界で生き残っていることは、実に幸いなことだといわなければなりません。科学技術の先端を行く情報や道具に囲まれて暮らしている子どもたちが、それでも、一方で、身も心も預けて昔話に聞き入っている姿を見れば、昔話が、今でも子どもが必要としているもの、こころの奥深くで求めているものをさしだしているのだと信じないわけにはいかないからです。

わたしたち――というのは、主に東京子ども図書館を中心に働いてきた図書館員の仲間たちですが――は、子どもたちの求めに応じて昔話を語りつづけながら、なぜ昔話が子どもの文学として、これほどの力を発揮するのか、そのなぞを追いつづけてきました。わたしたちの勉強は一九七〇年代にはじまりましたが、最初に、当時東京外国語大学のドイツ語の教授でいらした野村泫《ひろし》*先生に、昔話研究について講義をしていただきました。

このとき、昔話を研究する学問に、民俗学、心理学、文学の三つがあること。民俗学は、昔話を、昔の人々の暮らしや考え方をあとづける材料と見て研究する「昔話のいちばん古く、いちばん正統な世話人」であること。それに対し、心理学と文学が昔話を研究対象としたのは比較的新しく、二十世紀に入ってから発展を見せたものであること。心理学でも、とくに無意識の領域を扱う深層心理学が、昔話を心的プロセスの表出とみなして重視していること。文学の分野では、その表現の特質を論じたスイスのマックス・リュティ*や、ロシアのウラジーミル・プロップ*の研究があること、等を教わりました。

わたしたちは研究者ではなく、あくまで実際に子どもに語って聞かせる者として昔話に関心をもっていたので、このとき先生にご紹介いただいた研究書を読んでも、十分理解したとはとてもいえません。それでも、勉強のはじめの段階で、このように、いわば昔話研究の見取り図ともいえるものを示していただいたことは、大きな助けになりました。とくに、文学や、心理学の昔話研究に注目するよう促していただいたことはありがたいことでした。

このときのご指導のおかげで、わたしたちは、文学の研究からは、どのように書かれて（語られて）いるから、昔話は子どもにわかりやすいのかを学ぶことができ、心理学の研究からは、なぜ昔話が子どものこころの奥にひびくのかを教えられました。

わたしたちがもっとも刺激を受けたのは、表現の特質を知るという面では、スイスの民間伝承文学の研究者マックス・リュティの著書『ヨーロッパの昔話』*と、ドイツの発達心理学者シャーロッテ・ビューラー*の「昔話と子どもの空想」*という論文でした。ビューラーの論文は、邦訳が出ていませんでしたが、ドイツ語のできる方の助けを借りて読み、非常に多くを教えられました。発表されたのが一九一八年という古いものですが、昔話と子どもの関係を考えるうえでは、今日でも重要な参考文献だと思います。

内容の面からいえば、一九七〇年代後半、まるでわたしたちの疑問に答えるようにあいついで出版された河合隼雄*氏の『昔話の深層』*と、当時シカゴ大学で教鞭をとっておられたブルーノ・ベッテルハイム博士*の『昔話の魔力』*がわたしたちの目を新しい地平に向けて開かせてくれました。河合隼雄氏は、スイスのユング研究所で精神分析を学ばれた臨床心理医、ベッテルハイム博士は、ウィーン生まれで、フロイトの流れを汲む精神分析学者、いずれも、深層心理学と呼ばれる、無意識を扱う分野の研究者です。

これらの書物は、どれもとても難解だけれども、実におもしろい本でした。もっともわたしたちは、多分に我田引水的な読み方をして、自分たちに興味のあること、理解可能なことをつまみ食いしたにすぎませんが。このあと、昔話に関する書物は、ずいぶん数多く出版されるようになりました。けれども、不勉強を棚にあげていえば、わたしたちが勉強の最初に手にした上記の書物ほど、熟読に値する、また、根本的に新しい見方を教えてくれるものには出会いませんでした。そこで、聞きかじり、読みかじりの域を出ないことを怖れつつも、以下、わたしたちが、野村先生の講義や、これらの書物から学んだことをまとめてみたいと思います。

昔話の表現の特質

わたしたちは、子どもに語ることで、昔話にはかなり親しんでいるつもりでした。けれども、リュティの指摘を受けるまでは、わたしたちが、とりたててふしぎとも思わずに受け入れていた昔話のなかの出来事や描写が、文学の他のジャンル――たとえば、詩、劇、小説など、さらには同じ伝承文学でも伝説や聖者伝――には見られない昔話特有の表現形態であるとは、認識していませんでした。

リュティは「一次元性」ということばを使って、昔話では、わたしたちが生きている日常の世界と、ものをいう動物や、魔女や妖精などが出てくる超自然的世界との間に決定的な隔たりがないと感じている、と述べていますが、そういえば、昔話の主人公は、この世でありえない人物や出来事に出会っても少しも驚きませんね。森で狼に話しかけられた赤ずきんは、「どうしてこの狼は口をきくことができるのだろう?」と、疑問に思ったりしません。ごく当たりまえのように会話をします。

グリムの昔話「おどっておどってぼろぼろになったくつ」*の主人公の兵隊は、見知らぬ老婆から、それを身につけると姿が見えなくなるというマントをもらいますが、相手の素性をいぶかることも、マントの効果を疑うこともなく、ごく当然のようにこの贈りものを受け取ります。海の底の竜宮にいくのも自由なら、空とぶじゅうたんであっという間に何千里離れたところへ飛ぶのも思いのまま。主人公たちは、そのこと自体をふしぎがることはありません。実際、語っていても、子どもから、この点について質問を受けることは、まずありません。

ビューラーは、子どもは、現実と非現実の世界を峻別せず、奇跡を無邪気に受け入れると述べていますが、たしかに、子どもの「ふしぎを受け入れる能力」は、おとなに比べて格段に高い。また、二章で触れたように、「何かを何かに見立てる力」「何かになったつもりになれる力」が非常に強い。おそらくごっこ遊びが佳境に入っているときは、「つもり」ではなく、真にそのものになりきって、空想上の世界で行動していることでしょう。子どもにとっては、現実と空想の間に隔絶はなく、両者のあいだを自由に往き来できるのは、子どもの特権といっていいのです。だとすれば、この「一次元性」という昔話の特質は、まさに子どもにぴったり合ったものだといえるでしょう。

個性のない主人公

また、リュティは、昔話の主人公には個性がないといいます。それは彼らに名前がないことからもわかるでしょう。昔話に登場する人物は、ただ「男とおかみさん」、「王さまとお妃さま」であって、名前がある場合でも「太郎、次郎、三郎」「ジャック」「イワン」など、性別や、兄弟の順を示すだけのもので、それらの人物の年齢、顔かたち、背格好、さらには、性格や、好みなどがくわしく描写されることはありません。せいぜい「世界一美しいお姫さま」「見あげるような大男」といった程度です。これらの人物は、ひとりの人間であるより、ひとつのタイプを示していると考えられます。

タイプである人物には、「いいおじいさんと、わるいおじいさん」「やさしいおかあさんと、意地悪なまま母」「働き者の姉に、怠け者の妹」というふうに性格も極端に色づけされています。現実社会では、善良と見える人が、別の場面ではずるく立ち回ったり、相手によっては悪意をもって行動したりと、ひとりの人間のなかに違う性質が重層的に存在しているわけですが、昔話では、複雑なものを単純化し、ひとつの性質をひとりの人物にあてはめ、それをひとつの平面にならべて、違いを際立たせて見せています。リュティは、これを「平面性」と呼んでいます。単純になったことで、人の性質がつかみやすくなり、個性の縛りのないことで、聞き手(読者)の主人公との一体化が容易になります。これも、昔話が子どもに受け入れられやすい理由のひとつです。

没個性、単純な性格といいますが、そもそも子どもたちは、人の性格や、個性について関心を抱くほど、人間についての経験をもっていないのではないでしょうか。おとなが小説を読むときの大きなたのしみのひとつは、登場人物の性格描写ですが、作中、ある人物の性格がどのように描かれるかといえば、「その人はかくかくしかじかの性格でした」と、まとめて説明されるわけではありません。あるところではその人の生まれや育ちが語られ、話が進むにしたがって、あるところではその人の服装や表情が、別のところでは、その人がだれかと交わす言葉が、また別の場所では、ある事態に際してその人のとった行動が述べられていきます。読者は、そのように、作中のあちこちにちりばめられたその人物に関する〝断片的な情報〟を自分の頭の中で統合して、なおかつ自分が現実に知っているあれこれの人物を思い浮かべてそれと照らし合わせ、また人間一般についての知識や経験にもとづいた想像力でイメージを補いながら、少しずつ自分でその人物像をつくりあげていくのだと思います。

個々別々に与えられたいくつかの描写からひとつの性格、個性をもつ人物のイメージをつくりあげるには、大勢の人間に接した経験から学んだ知識や、イメージの蓄えが必要です。それは、子どもたちがまだもっていないものです。昔話は、子どものもっていないもの（経験や推理力、構成力）に頼らず、子どものもっているもの（好奇心や空想力、主人公と一体化する能力）に訴えて、彼らの人間理解を助ける文学なのだといえるでしょう。

動機ではなく行動　性格や個性がないとすれば、子どもをひっぱっていく昔話の最大の魅力はなんでしょう。それはストーリー、いいかえれば主人公の行動です。お話を聞いているとき、子どもたちからもっとも頻繁に出される質問（無言のも含めて）は、「それから、どうなったの？」です。子どもにとってのいちばんの関心は、次にどうなるかであって、「なぜ？」「どうして？」といった理由や、動機ではないのです。子どもたちにとっては、主人公と冒険を共にすることが、昔話の醍醐味で、主人公の行動の動機や、事件の因果関係は、少なくとも聞いている時点では問題になりません。それは、おそらく聞き終わったあと、心のなかで、なかば無意識のうちに辿られ、理解されるのでしょう。

まるで子どもたちのそういう聞き方に合わせたように、昔話は、外から見える主人公の行動中心に語られ、彼らのこころのうちを描くことはしません。リュティは、それを、昔話の人物は、「肉体も感情ももたない図形のようなもの」だといっています。「肉体をもたない」ということは、からだに何か起こったときも、具体的な描写がないということです。

たとえば、さきにあげた「七羽のからす」では、兄さんたちを助けたいと家を出た妹が、ながい旅の末、いよいよ兄さんたちがいるというガラスの山まできたとき、山の戸を開けるために、あけの明星からもらっていたひなどりの骨を失くしたことに気づきます。そこで妹は、代わりにナイフで自分の指を一本切り落として戸にさしこむのです。

高学年の、とくに女の子の聞き手のなかには、ここで、小さく「あッ」と声をあげる子もいるといいます。しかし、物語は、そのあと、「すると、戸は、うまくあきました。娘が中へ入っていくと、小さな小人が出迎えて……」とつづき、指にはなんの注意も払いません。痛かったとか、血が出たとかいう描写はまったくないし、話の終わり、救い出された兄さんたちと家路につく場面では、娘の指が欠けていたなどという言及はありません。語り手も、聞き手も、そんなことは考えもしないのがふつうです。

　実は、この点が、昔話が一見残酷と思われることがらを扱いながらも、けっして残酷な印象を残さない大きな理由のひとつです。肉体をもたない主人公は、苦痛を感じる存在としては描かれません。「ヘンゼルとグレーテル」で、魔女がかまどで焼かれるとか、「白雪姫」で、お妃が真っ赤に焼いた鉄の靴をはいて死ぬまで踊らされるとかいった場面は、そこだけをとりあげると残酷なようですが、話自体は、残酷さに興味を示してはいません。つまり、そのとき、当事者が悲鳴を上げたとか、肉の焼ける臭いが辺りにたちこめたとかいう描写は一切ないのです。

「感情をもたない」という、もっともいい例は、「いばらひめ」*でしょうか。百年の眠りからさめたとき、姫の目には、若い王子の姿が映ったはずです。それを見て、姫がどう思ったか、物語はまったくふれません。「王子は、身をかがめて、姫にキスをしました。すると、姫はぱっちりと目を開いて、やさしく王子を見上げました。そして、ふたりはいっしょに、階段を降りていきました」というだけです。

　これがもし小説なら、眠っている姫を見て、王子がどう思ったかとか、目がさめたとき、自分をのぞきこんでいる王子を見て、姫のこころにどんな感情がわきおこったかなどが細かく描写されることでしょう。昔話は、ふたりの感情には一切立ち入らないのです。

もうひとつ例をあげれば、イギリスの昔話「かしこいモリー」*。話は、ある子だくさんの夫婦が、みんなに食べさせることができないからと、下の三人の女の子を、森の中に捨てるところからはじまります。でも、そこには、捨てられた女の子が途方に暮れたとか、悲しんだとかいう描写も、なんてひどい親だろうといったコメントもありません。それにつづくことばは、「三人は、どんどん、どんどん歩いていきましたが、どこまで行っても家一けん見つかりません」です。話は、当事者の感情に一切立ち入ることなく、どんどん先へ進んでいくのです。

シンボリックな文学

人間のこころの内側に入らないで、ひたすら外から見えるものだけで物語を語っていくという昔話の姿勢は徹底していて、人間の偉さ、位、徳、心の豊かさといった内面的価値も、立派な屋敷、豪華な衣装、金銀宝石といったこの世の富で表されます。

これについて思い出すのは、以前、わたしの文庫に通ってきていたＩ子ちゃんのことです。あるとき、道でＩ子ちゃんに会ったのですが、女の子の好きそうなかわいい品物を売っているお店に行って買物をしてきたところだというＩ子ちゃんは、きれいな包装紙に入った品物を得意気に見せて、「あたし、千円使ってきたの」と、いいます。

まだ幼稚園に通っているI子ちゃんが一度に使うお金にしては千円は多すぎると驚いたわたしに、I子ちゃんはいいました。「だって、おとうさんがいいっていったんだもん」。「ふーん、おとうさんがいいっていったの。I子ちゃんちでは、おとうさんがえらいんだね」と、わたしがいうと、I子ちゃんは、当然でしょ、といわんばかりにいったのです。「だって、おとうさんが、うちでいちばん大きいんだもん」。ああ、なるほど、この年齢の子どもたちの意識のなかでは、からだの大きさがそのまま力や権威につながるんだと認識させられた出来事でした。

幼い子どもに金ピカの制服に身を包んだホテルのドアマンと、よれよれの背広を着た風采のあがらない学者先生を見せてどっちが偉い？　と聞いたら、たとえ学者先生がノーベル賞級の人であっても、子どもの尊敬を得るのはむずかしいでしょう。子どもたちがあこがれるのは、駅長さん、指揮者、きれいな衣装を着た歌手、など、外見がかっこいい人たちでしょうから。

そういう子どもたちに、内面の美しさ、豊かさ、高潔さを示すのに、昔話が目に見える「宝物」を用いているのだと知ったら、おとなが昔話を非難する理由のいくつかは、根拠を失うのではないでしょうか。たとえば、昔話では、顔かたちの美しい人は、性質も善良でやさしく働き者、意地悪な人は姿かたちもみにくく怠け者ときまっているのは、おかしい。人を外見で判断すべきでないし、現実には、こころのやさしい人が、かならずしも顔立ちが美しいとは限らないのだから、とか。また、昔話が、何かというと、宝物を見つけてうちへもって帰るところで終わるのは、世俗的で、物欲を奨励していてよくない、とも(戦後の一時期、「桃太郎」が、鬼ヶ島から宝物をもって帰ってくるのは、侵略戦争によって、他国の富を搾取することを表しているといると非難されたことがありました)。

昔話にあっては、外的な美しさは、内面の美しさの表現であることを考えれば、こうした非難が当たらないことは理解できるはずです。また、内的なものを外的なものに置き換えるのが昔話の手法だと知っていれば、昔話の主人公がたいへんな冒険の結果手に入れる宝物は、危険な課題に挑戦して、それを克服した人が、その結果として身につける精神的、人格的な力を象徴的に表現しているのだと納得できるでしょうから。

このことは、おとなたちが昔話に不満を抱くもうひとつの理由、すなわちきまりきった勧善懲悪主義についても、あてはめることができそうです。現実の社会では、よい行いをする人が必ずしも報われるわけではなく、それどころか、正しいことを主張したために不利を蒙ったり、不遇な人生を送ることを余儀なくさせられたりする例が多く見られます。この点、昔話は、あまりにも単純で、実人生を反映していない、と、おとなたちはいうのです。しかし、外から、目に見える行動によって物語を語るという昔話の特質からいえば、よい人——親切で、無欲な人——は、善を表し、わるい人——意地悪で、欲の深い人——は、悪を表しています。よい人が褒美を得たり、幸せになったりすることは、善の原理が認められ、尊ばれることを意味し、わるい人が罰を受けることは、悪そのものが否定されたことを意味するのです。昔話が全体として勧善懲悪を貫いているのは、昔話を生み、世代を超えて伝えてきた無数の素朴な民衆たちの、「善がこの世で勝利して欲しい」という切実な願いの結晶なのではないでしょうか。

リュティは、表現のさまざまな特徴からいって、昔話は現実をそのまま写そうとする文学なのではなく、人間の性質や、人生に起こるさまざまなことがらのエッセンスを抽出し、それを芸術的に「独自な刻印をもった世界につくりあげたもの」だといっています。リアリスティックな文学ではなくて、シンボリックな文学だというわけですね。

リアリスティックな文学をたのしむためには、わが身のうちに、作品に描かれているリアリティとひきくらべられる生活の体験がなければなりませんが、子どもには、その体験がありません。だからこそ、〝人間や人生のエッセンスを抽出した〟昔話が、いわば、これからの先行きを教えてくれる文学として、子どもたちにふさわしいのだとわかります。このことを教えられて、わたしたちの昔話理解は、いちだんと深まったように思います。

語りがつくりあげた様式

昔話は、どのようにして、こうした表現の特徴をもつに至ったのか。それは、昔話が口伝えで継承されてきたこと、つまり、「語り、聞く」という伝達方法によってつくりあげられてきたからだと考えられます。昔話が、「語り、聞く」ことが要求する形式、表現方法にどんなによく合致しているかは、少しでも語ってみればすぐわかることです。

何世紀にもわたって、無数の人々の口と耳をくぐりぬけて生きのびてきた昔話は、その長い過程のなかで、語りやすい、聞いてわかりやすく、耳に快い表現様式を獲得してきたのです。この過程に関わった人々は——その多くは、単純で素朴な民衆でしたが——語り手も、聞き手も、文学的才能に恵まれた人も、そうでない人もすべて、昔話を現在のような形に洗練し、磨き上げる作業に貢献したといえるでしょう。

語られる文学としての昔話の表現様式について、ここで、リュティがとりあげていない面から、少しふれておきましょう。だれにでもそれとわかる昔話特有の表現。すなわち、はじまりと結びの決まり文句。くりかえしの多用、とくに三つのくりかえし。それに、ビューラーが指摘した先取りの様式です。

昔話のはじまりは、「むかしむかし、あるところに……」と、決まっています。なんでもないことばのように思われるかもしれませんが、これが実は絶大な力をもっています。「むかしむかし」は、「今ではありませんよ」ということ、「あるところに」は、「ここではありませんよ」ということ。つまり、ここから先は、現実の世界ではありません、お話＝空想の世界ですよ、ということです。これは、子どもを空想の世界に引き込む強力なおまじないです。

子どもたちは、この魔法のひとことで、現実世界から離陸して空想世界へ突入します（聞いている子どもの顔を見ていても、このことばの効果は確認できます）。そして、いったん空想世界へ入ってしまえば、そのなかでどのようなふしぎが起こっても、それはもうふしぎではなくなるのです。妖精やものいう動物が現れても、ふりかけさえすれば死んだ人も生き返る「いのちの水」があっても。昔話の作者――もし、それが存在したとしたら――は、このことばの魔法をちゃんと心得ていたのですね。心憎いといわざるを得ません。

そして、結びは、日本なら「めでたし、めでたし」。外国の場合は、「それからのち、みんなは、いつまでも、しあわせに暮らしました」です。はじまりのことばが、聞き手を空想の世界につれていってくれたとしたら、この結びのことばは、幸せな結末に対する満足感とともに、聞き手を現実の世界に戻してくれます。先に述べた勧善懲悪にも関連しますが、昔話は、ほとんど例外なくハッピーエンドです。昔話は、この二つの決まり文句の枠のなかにおさめられた、聞き手が思いっきり心を開放することのできる物語空間なのです。

くりかえしの手法

さて、この物語空間に入っていくと、必ずといっていいほど出会うのが「くりかえし」です。図式的といっていいほど決まりきった形でくりかえされるこの手法は、昔話のもっとも際立った特徴といっていいでしょう。そして、これは、おとなに、昔話はおもしろくないと思わせるいちばんの理由でもあります。でも、読むと退屈だったり、わずらわしかったりするこのくりかえしが、語られるのを聞くと、ふしぎなことに、耳に快いばかりか、とてもおもしろく感じられてくるのです。しかも、くりかえしは、聞き手を巻き込みつつ、物語を前へ進めていくのに重要な役目を負っていることがわかってきます。

昔話で多用されるくりかえしには、いくつかのタイプがあります。単純なくりかえし、くりかえすごとに積み重なっていくもの、同じことが平行して二度くりかえされるもの、三度のくりかえし、などです。なかでも、いちばん目立つのは、三度のくりかえしでしょう。もし、ある話が、「むかし、あるところに、ひとりの王さまがいて、その王さまには三人のむすこがありました」と、はじまれば、聞き手は、即座に「ああ、三番目が成功するんだな」と、わかってしまうほど、このパターンは徹底しています。

同じ冒険が三度くりかえされ、三度目で目的が達成されます。ノルウェーの昔話「三匹のやぎのがらがらどん」、イギリスの「三匹の子ブタ」*、日本の「三枚のお札」*、グリムの「三枚の鳥の羽」*……と、題だけでも、このパターンの話がどれほど多いかわかります。三人のむすこに三人のむすめ、三つの課題に三つのなぞ、三度の危険に三人の援助者、三つの願いに三つの褒美……、昔話に三度のくりかえしはつきものです。

つぎによく知られているのは、平行型（パラレル）と呼ばれる、二度のくりかえしです。よいおじいさんや、親切なむすめが成功をおさめて幸福を手にした冒険を、わるいおじいさんや、いじわるなむすめがくりかえし、失敗して、不幸な結果を招くという、よく知られた形です。日本の「花咲か爺」「ねずみ浄土」、グリムの「ホレおばさん」*、イギリスの「姉いもと」*。こちらも、いくつも例をあげることができます。

次に多いのが、くりかえしが積み重なっていくタイプ。たいていの場合、最初よりは二度目、二度目よりは三度目……というように、ものやことが大きくなって、重みを増します。たとえば、絵本にもなっているウクライナの昔話「てぶくろ」*の場合。おじいさんが道に落としていった手袋に、いろんな動物がつぎつぎに入りこんでいきます。

はじめはねずみ、つぎがかえる、それからうさぎ、きつね、というふうに、入る動物は、その都度大きくなります。そして、新しい動物が加わるたびに、「なかにいるのはだれ？」という問答がくりかえされ、「くいしんぼねずみ」「くいしんぼねずみと、ぴょんぴょんがえる」「くいしんぼねずみと、ぴょんぴょんがえると、はやあしうさぎ」というように、ことばも順次積み重なっていきます。

「てぶくろ」では、最後に巨大なくまがむりやり入りこんだところで、おじいさんが戻ってきて、動物たちはいっせいにいなくなり、話は結末を迎えます。このように、何かが積み重なって山になっていき、その緊張が頂点にきたところで、一気に崩れて終わるというタイプもあれば、イギリスの昔話「おばあさんとブタ」*のように、いったん積み重ねたものを、ひとつひとつ逆の順序で巻き戻していって、結末に達するものもあります。この種の物語は、おとなにはあまりおもしろがられないかもしれませんが、「お話のじかん」の常連である子どもたちには人気があり、とくに幼い子どもたちに、とてもよろこばれます。

くりかえしのタイプのなかでいちばん単純なのは、一定の間隔をおいて、同じこと（ことば）がくりかえされるもので、いわゆる「きりなしばなし」と呼ばれるものがそれです。たとえば、谷川にとちの木があって、実が鈴なりになる。そこへ風が吹いてきて、実がひとつ川に落ちて、流れていく、といった話。「……すると、その木さ、ボファと風が吹いてきたとなあ。すると、とちの実がひとつ、ポタンと川さ落ちて、ツブンと沈んで、ツポリととんむくれて浮き上がり、ツンプコ、カンプコと川下の方さ流れて行ったと……」*と、いつまでもつづきます。

実際に語られるのを聞いたことがない人には、こんな話、何がおもしろいんだと思われるかもしれませんが、語られると、自然に笑いを誘い、うまく語られたときは、笑い転げるといったことにもなります。

以上、くりかえしにも、さまざまなタイプがあることを述べてきましたが、昔話は、全体の構成にも、部分的な描写にも、このくりかえしの手法を多用しています。語った経験からいうと、くりかえしは、語り手にとっても語りやすくて、楽です。そして、なにより、聞いている子どもたちの様子を見ていると、くりかえしのあることが、いろんな意味で子どもたちを助けていることがわかるのです。なぜそうなのか、どんなふうに助けているのか、わたしなりに考えたのは、つぎのようなことです。

くりかえしは理解への鍵

まず、昔話に限らず、子どもたちがくりかえしをよろこぶのは、周知の事実です。二章でも述べたように、気に入った本があれば、子どもはなんどでもくりかえし読んでもらいたがります。また、ボール投げや、「いないいないばあ」「たかい、たかい」

といった遊びにしても、子どもは、たいていのおとなの、忍耐の限界を超えてくりかえしたがるものです。なぜくりかえしがそれほどうれしいのでしょう？

まわりすべてが未知のこの世に生まれてきた子どもにとって、何かひとつでも既知のものに出会うことは、安心だからではないでしょうか。少々こじつけかもしれませんが、こんな例で考えてみてはどうでしょう。パーティに行って、どちらを見ても知らない人ばかりのなかに、ひとり知っている人を見つけたら、ほっとしますね。とりあえずその人のところへ行って挨拶をすれば、それだけでも、このパーティに自分の居場所ができたように感じるものです。

知っているものに再会する。そして、それが知っているものだと確認する。くりかえし確認するうちに、それが確かな知識になる。そんなふうにして、子どもたちは、まわりの世界を自分のものにしていく、あるいは、世界のなかに、自分の居場所を見出していくのではないでしょうか。ことばをおぼえる道筋も同じだと聞いたことがあります。まわりに飛び交うわけのわからない音の羅列のなかから、なんどかくりかえされるひとつながりの音を、そのときの状況や、目の前にあるものと結びつけて認識していくというのです。

子どもにとっては、くりかえしこそ、ものごとをつかむ＝理解する鍵なのですね。だから、お話のなかでくりかえしが起こったとき、あんなにうれしそうな顔をするのだとわかります。

あれは、「知ってるぞ」という誇らしい気持ちと、知っているからこそ怖れる必要がない、これは自分でコントロールできるのだ、という安心感と自信の表れなのだと思います。

また、すべてに経験不足な子どもたちは、物語をたどる＝理解するのも、おとなほど楽にできるわけではありません。進展の速度があまりにも速く、つぎからつぎへと事件が起こったりすると、ついていけなくなって、物語から脱落してしまいます。そんな子どもたちに、進展の速度を落とし、物語の要点を念押しして伝えるのも、くりかえしの機能です。三度のくりかえしは、理解力や、推理力の十分でない子どもたちにとって、このうえない手法なのです。

ノルウェーの昔話「三匹のやぎのがらがらどん」を例にとって考えてみましょう。物語は、どれも「がらがらどん」という名まえの三匹のやぎが、おいしい草を食べて太ろうと、山の草場へ登って行くところからはじまります。ところが、途中にある谷川の橋の下にはトロル（怪物）がいて、やぎたちを食ってやろうと待ちかまえています。小さいやぎも、中くらいのやぎも、あとから大きいやぎが来るからといって難を逃れ、いよいよ最後にいちばん大きいやぎのがらがらどんが登場。このやぎは、果敢にトロルに挑み、相手をこっぱみじんにやっつけてしまいます。そこで、三匹はそろって草場に行き、たっぷり草を食べて太りました。チョキン、パチン、ストンと、お話は終わります。

物語＝ストーリーというものは、つきつめていうと、なんらかの解決しなければならない課題があって、それを解決する道筋だということができると思いますが、この話でいえば、課題は、やぎたちが山へ行って、草を食べて太るということです。でも、それを妨げるトロルという存在がある。それと対決しなければならない。その対決＝冒険が、この物語の核心です。でも、課題の達成だけが問題ならば、何もやぎを三匹にしなくても、最初から大きいやぎを登場させて、トロルをやっつけてもいいはずです。でも、それでは話はあまりにもあっけなく終わっておもしろくないでしょう。

ところが、この物語では、三匹のやぎが、同じ冒険をくりかえします。はじめの二匹は、同じ場所で、同じことばでトロルに脅《おど》され、うまく切り抜ける。その都度、緊張感とスリルが生まれ、それがエスカレートしていく。その興奮がいちばん高まったところでクライマックスとなり、大きいやぎはトロルと一騎打ちをして相手をやっつけ、物語の課題は一気に解決する。こうすることで、話の進展のスピードはゆるやかになり、未熟な聞き手も、容易に物語をたどれるようになるばかりでなく、この物語の核心、すなわちトロルとの対決が、しっかりと聞き手の心に印象づけられます。

これは、三段跳びにたとえられるかもしれません。一匹目、二匹目、三匹目と話をもりあげていく手法は、いわばホップ、ステップ、ジャンプで、飛距離を伸ばすやり方だというわけです。とすれば、はじめから大きいやぎが出てくるのは、助走もなく、止まっている地点からいきなり跳ぶようなもので、それでは短い距離しか跳ぶことはできません。でも、この三段方式を用いれば、かなり長い、複雑な筋をもつ物語も語れるし、聞き手も無理なく物語についていくことができるのです。実際、よく見てみると、スケールの大きい本格的な昔話も、その構成には、部分部分でこの三度のくりかえしをうまく利用していることがわかります。だから、長くても子どもは集中して話についてくるのですね。

くりかえしのもっと大きな役割は、聞き手に、先を予想することを可能にすることです。一匹目のやぎがトロルに出会った場面で、この対決のパターンを知った子どもたちは、二匹目では、同じことが起こるかと予想し、予想通りになったことで満足します。三匹目のときは、予想ははずれ、思わぬ展開になりますが、その意外さが子どもたちをおもしろがらせます。一度目、二度目、三度目と、くりかえしごとに興奮の度を高め、その都度違った刺激を与えているのです。ひとつの手法として見るとき、これは実によくできたものだと感心せずにはいられません。一見単純このうえないストーリーでありながら、この話が、子どもたちをひきつけてやまない理由が納得できます。

さらにつけ加えていえば、くりかえしは、大事なことを忘れさせない手だてでもあります。読むのと違って、時間にそって流れてゆく語りでは、後戻りはできません。途中で「あれはどうだったっけ?」と思っても、読んでいるときのように、二、三ページ前に戻って確かめるというわけにはいかないのです。ですから、聞くときは、そのとき、そのとき、集中していなければならず、しかも、聞いたことは、その場で頭から離して――いわば、忘れて――しまわなければなりません。そうでないと、つぎに語られることばを受け入れることができないからです。くりかえしは、要所、要所で大事なことを思い出させてくれる役目も果たしています。

また、語る経験からいうと、くりかえしは、物語に幾何学的な様式の美しさを感じさせ、同時に音楽的な美しさとたのしさももたらします。一定の間隔をおいて、同じこと(ことば)がくりかえされるのは、聞いていて快いものですし、物語にしっかりした枠組みがあることを感じさせて、聞き手に安心感を与えます。音楽に、テーマとなるメロディがあり、それがいくつかのバリエーションを生みながら、ひとつの曲のなかでくりかえされるとき、耳の底に残っているテーマのうえに、それが重なりあって聞こえてくる心地よさと同じです。昔話のくりかえしは、昔話の美しさ――様式の美しさと、音楽的美しさの両方――の大きな要素であると思います。ただ、それをたのしむには、読むのでなく、語られるのを聞かねばなりませんが。

「先取り」の手法

このように、くりかえしは、昔話の表現上のもっとも重要な要素といえますが、もうひとつ、とくに子どもにとって大切な、昔話に特有の手法があります。それが先取りです。先取りというのは、物語の進んでいく方向を示し、聞き手に、前もってこの先何が起こるかを知らせておくことをいいます。先取りは、あるときは直接に、あるときは婉曲に、物語のなかに組み込まれています。そのいちばんよい例は、おそらくグリムの「おおかみと七ひきの子やぎ」の冒頭部分でしょう。出かけようとする母やぎは、留守番をする子やぎたちに向かって、狼に気をつけるように注意します。そして、狼は「声はしゃがれているし、足はくろいから」すぐ見分けがつくと教えます。

もちろん、お話ではこのあと狼がやってきます。でも、もし、おかあさんやぎが、何もいわずに出かけていたとしたら、しばらくして戸をたたく音がしたとき、子やぎたち(そして、話を聞いている子どもたち)は、何を思い浮かべるでしょう。だれが来てもおかしくないわけですし、「しゃがれ声」と「黒い足」という、狼を見分ける鍵を教えてもらっていなかったら、「おかあさんですよ。みんなに、おみやげをもってきましたよ」という狼の声にだまされて、すぐ戸を開けてしまったかもしれません。前もって狼が来ること、どうやってそれと知るかを教えてもらっていたからこそ、すぐに狼だと察知できたのですし、二度にわたってその正体を見破り、危険を逃れることができたのです。子やぎも、聞き手の子どもたちも、狼が現れたとき、ピタッとそれに焦点を合わせてイメージすることができたのは、出かける前のおかあさんのひとこと、つまり先取りのおかげです。

グリムの「いばらひめ」の冒頭で、王さまとお妃《きさき》さまに子どもがなく、子どもをほしいと願っていた、といえば、聞き手は、ふたりに子どもが授かるかどうかということに関心を寄せ、かえるが「一年たったら、むすめごが生まれますぞ」と、予言をすれば、その予言が実現するかどうかに、また、占い女が、姫は百年の間眠りにつくといえば、百年たったとき、眠りからさめるのかどうか、また目覚めはどのように起こるのか、に注意を向けることになります。物語のなかに、その進む先が、聞き手にわかる形で明らかにされているのです。

ビューラーは、予言、約束と誓い、警告と禁止、課題と命令、の四つを効果的な先取りの様式としてあげています。なるほど、「いばらひめ」は、予言が軸になって物語が展開しますし、「おおかみと七ひきの子やぎ」は、警告と禁止がきっかけで物語が動きはじめます。そのほかの項目についても、少しでも昔話に親しんでいる人なら、すぐにいくつかの例を思いつくでしょう。もし、首尾よくこれをなしとげたら、三つのほうびを約束しておこう。この三つのなぞを解いたら、娘を嫁にやろう。ほかはよいが、この扉だけは開けてはならぬ。これをなしとげるまで、けっして口をきいてはならない。ひとことでもしゃべれば、命はないぞ……。

これらは、昔話のなかで、わたしたちが何度も耳にすることばです。そして、これらのことばが発せられるたびに、わたしたちの心には、期待、不安、怖れなどの感情が生まれ、緊張感をもって話の先へ注意を向けることになるのです。

ビューラーがあげた様式のほかにも、昔話は、随所に先取りの手法を取り入れています。日本の昔話「三枚のお札《ふだ》」では、山へ行く小僧さんに、和尚さんが、まさかのときはこれを使えと、お札を三枚わたしますが、そうすると、そのお札がどのように使われるか、が話の牽引力になります。同じく日本の昔話「大工と鬼六《おにろく》*」では、鬼に、「おれの名まえをあてたら、目玉はとらずにおいてやろう」といわれた大工が、考え考え森を歩いていくうちに、どこからともなく子守唄が聞こえてきます――「はやく鬼六は、目玉もってこばええなあ」と。この時点で、大工にも、聞き手にも、鬼の名まえがわかり、話の先の予想がつきます。贈りものも、歌や、会話も、先取りの役を果たすのですね。

一般的にいって、子どもたちの注意の集中力は長くありません。先を見通す力も十分ではありません。そんな子どもたちに、話の先を知らせ、注意をそらすことなく、いつも話の中心に関心をひきつけておく、それが先取りの方法だと思います。先取りの示すヒントに従っていけば、注意力の散漫な子どもでも、話についていけます。

歩きはじめた子どもは、いきなり長い距離を歩きとおすことはできません。でも、母親が、ちょっと先に立って、手招きしてやれば、そこまではたどりつくことができます。そして、母親がそのたびに、少しずつうしろへ下がって同じように誘えば、そこまで、またつぎのところまで……と歩き、結果として、かなりの距離を歩くことになるでしょう。先取りは、この母親役なのです。幼い子でも、昔話であれば集中して聞けるのは、この先取りがうまく作用しているからではないでしょうか。

もうひとつ大切な点は、先取りは、くりかえしと同様、聞き手に話の先を予想させるということです。「三枚のお札」で、小僧さんが山へ栗拾いに行きたいというと、和尚さんは、「行かないだってよかべ。鬼婆さ出はって困るから」という。すると、子どもは、当然、鬼婆が出るかな、と期待(?)する(すると、はたして鬼婆が現れるのです!)。

ふしぎな美しさをもつ日本の昔話「みるなの座敷」で、娘が「ここだけは、けっして開けないで」というと、いわれた当の若者はもちろん、聞き手も開けたくなる(はたして開けてしまう……)というわけで、禁止されたり、警告されたりすると、人の気持ちというのは、その反対へ動いていくものなのですね。昔話のなかのそこかしこに仕掛けられた先取りは、こうして、聞き手の注意を引っぱっていくのです。

くりかえしのところでも述べましたが、先を予想しながら聞くということは、能動的に聞くということです。語り手のいうことを、ただ受け取るだけでなく、「こうなるんじゃないか」「きっとこうなるぞ」と、想像しながら聞く。それは、物語の進展に、聞き手として参加することを意味します。

魅入られたように聞き入る子どもたち(東京子ども図書館の「おはなしの部屋」にて)

実際、子どもたちは、幼ければ幼いほど、そのように話に参加しながら聞いています。主人公が危険に近づくと、心配そうな顔になり(ときには、「行っちゃだめッ!」と思わず声をあげる子もいます)、助け手が登場すると、ほっとした表情を見せます。先取りの手法を用いることによって、語り手は、一方的にでなく、いわば手の内を見せて、聞き手を巻き込みながら、話を進めることができるのです。

聞き手である子どもにとっても、単に語られることを受身で聞くのと、自分も話の成り行きに関心をもって積極的に聞くのとでは、話から得るものは大きく違ってきます。昔話は、くりかえしや、先取りの手法を用いることによって、子どもたちに予想するたのしみを味わわせ、同時に能動的な聞き方を育てているのです。そして、能動的な聞き方は、結果として、子どもたちのなかに、話のつながり＝因果関係を把握する力や、先を見通す推理力、さらには広い意味での想像力を育てることにつながります。

子どもとおとなのもっとも大きな違いは、経験の有無(あるいは多少)だと思いますが、未発達からくる構成力・抽象能力・推理力の不足、目的意識の欠如、逆に、その分鋭敏な直感力、本能的・情動的な行動といった子どものありように、昔話の表現がどんなによく合っているかを、わたしたちはこうしてリュティやビューラーの研究から学ぶことができました。

おとなの疑問

それでも、「子どもが魅入られたように昔話を聞く」理由については、まだなぞが残りました。昔話の内容について、おとなたちがしばしば口にする非難、疑問に対しても、説得力のある答えを用意することができませんでした。いつも王さまや、お殿さまが登場し、彼らが偉いとされているのは、身分社会の名残りで、階級意識を植え付けることにならないか。主人公は自分では何ひとつ動かないのに、困ったときには、ちょうどいいタイミングで助け手が現れて、万事うまくいくというのは、あまりにもご都合主義で、これでは子どもは努力しなくなる。たいていの話は、正直で親切な人が幸せになり、欲張りや意地悪がひどい目にあうのはよいとしても、なかには怠け者が宝を手に入れたり、主人公(たいていは、小さい、弱い者ではありますが)が、相手をだましたり、ずるがしこく立ち回ったりして成功する話もある。今日の道徳観からいって承服しがたい。なかには、グリムの「かえるの王さま」のように、「いやなやつ!」と、壁にたたきつけたかえるが、床に落ちたとたん、りっぱな王子になり、たたきつけた当の本人であるお姫さまと、めでたく結婚する、などという常識では考えられない話もある。そんな話のどこがいいのか、等々。

あるいは、この世にいもしない生き物や、ありもしないものを描く昔話は、子どもたちをいたずらな空想に走らせ、非科学的な考え方を助長する、という非難もあります。事実、一九七〇年代のことですが、わたしが参加したある児童文学の国際会議で、ある国の代表から、自分の国では、子どもに昔話はすすめないと、はっきりいわれたことがあります。昔話は迷信を育てるからというのが、その理由でした。その方によると、「わが国のある地域では、殺人事件が起こり、犠牲者の首に絞殺されたあとがあっても、その地域に棲むと信じられている魔物の仕業だといえば、不問に付されることがある。このような風土のなかでは、魔物の存在を信じさせるような昔話を聞かせるなどもってのほか」というのでした。

また、多くの人が昔話は残酷だと考えています。狼が子ぶたを食べてしまったり、逆にその子ぶたが狼を煮て食べてしまったり。あるいは、「かちかちやま」で、たぬきがおばあさんを婆ァ汁にして食ってしまったり。なかでもひどいのが悪事を働いた者に下される罰です。へびやさそりにどこまでも追いかけられたり、馬の尻尾にゆわえつけられてひきまわされたり、かまどにいれられて焼かれたり(実際、第二次世界大戦後のドイツでは、グリムの昔話が発禁になった時期がありました。魔女をかまどに入れて焼く「ヘンゼルとグレーテル」*がガス室とつながるというのがその理由です)。

わたしたちは、もとよりこのような疑問、懸念、批判があることは承知していました。もし、わたしたちに子どもに昔話を語った体験がなく、心理学による昔話研究に学んでいなかったら、わたしたちも同じように思ったかもしれません。けれども、わたしたちは、昔話を聞いている最中、また、聞き終わってからあとに、子どもたちが見せる反応からいって、上に挙げたような非難はあたらないと感じてきました。その〝感じ〟は、子どものときに昔話を聞いたり、読んだりしたことのある人から、子どもとしてその体験をどう受け取っていたかを語ってもらううちに、いっそう強められました。そして、心理学による昔話研究が、それに、さらに裏づけを与えてくれたのです。

フロイトが、人間の心のなかには無意識の領域があると説き、精神分析をはじめたことは知られていますが、分析の際、無意識の世界を探る方法のひとつとして用いられたのが、夢でした。夢には、その人の無意識が投影されていると考えられたのです。フロイトにつづいたユングは、この無意識にも層があり、その層を深く探っていくと、個人の無意識の下に、民族などが共有している集団的無意識がある。あるいはもっと深い層には、人類に共通する普遍的無意識、つまり人間ならだれでももっている無意識の世界があると主張しました。そして、夢が個人の無意識を探る手立てになるとすれば、普遍的無意識を知る手がかりになるのが昔話だと考えたのです(これらは、みな、野村先生から教わったことの受け売りですが)。

深層心理学者たちの昔話研究は、こうしてはじまりました。臨床心理医として、実際に心理的な問題を抱えた人たちの治療に当たってこられた河合隼雄氏は、心理療法の現場で、人間が直面する悩みや、その解決の過程が、昔話の展開と驚くほどぴったりと重なる事例を数多く見て、「昔話の内容と現代人の心性とが強く結びついている」ことを、著書のなかで、説得力をもって示されました。

ブルーノ・ベッテルハイム博士は、シカゴ大学付属の養護学校で、重度の情緒障害児の教育に当たってこられました。このときの経験から、昔話を聞かせることが非常に有効だと気づき、なぜそうなのかを精神分析学の立場から解明しようとして、前記の大著『昔話の魔力』を著されたのでした。博士は、子どもはだれでも——障害をもつ子も、そうでない子も——心の奥深くに、成熟する過程で乗り越えなければならない心理的な葛藤を抱えている、といいます。たとえば、いつまでも親にしがみついていたいという気持ち、いつか親しい人から引き離されるのではないかという不安、兄弟に対する嫉妬、小さいことからくる無力感や劣等感、親に対するアンビバレントな(愛憎相半ばする)感情、性についての不安、死や暗闇に対する恐怖、自分は何者かという疑問などです。そして、昔話は、このような、子どもたちがだれでも無意識のうちに抱いている不安や葛藤に働きかけて、それを和らげ、子どもを勇気づけて、成熟を促し、自立した人生へと向かう力を与えると説くのです。

博士は、生きる力を養うという点では、子どもが幼ければ幼いほど、文学がその助けになると主張していますが、いわゆる近代的な児童文学は、深い内的課題と正面から向き合うのを避ける傾向があるし、現実的な表現方法をとるので、子どもを混乱させる。子どもの文学という点では、人間にとって根源的な課題を象徴的な方法で表現している昔話にまさるものはない、と力説しておられます。ここで、リュティの説く昔話の表現の特質が、ベッテルハイム博士が望ましいとする子どもの文学像とぴったり重なり、わたしたちの昔話への信頼をいっそう強めてくれました。

老いや死といった児童文学ではこれまであまり取り上げられてこなかったテーマも、昔話ではおなじみです。冒頭で父親が死に、あるいは老いて死の近いことを知って、息子(三人の!)に家を譲るという昔話はたくさんありますし、「ヘンゼルとグレーテル」や、先に挙げた「かしこいモリー」のように、主人公が親に捨てられるところからはじまる話も少なくありません。主人公たちは、そこから冒険の旅に出、結局はお姫さまや、王の位や、宝物を得るのです。

兄弟間の嫉妬も、昔話ではよく知られたことです。グリムの「金の鳥」*では、三人で出かけた冒険の旅で、成功した末っ子をやっかみ、二人の兄が、帰りの旅の途中で、弟を井戸に投げ込んで殺そうとします。末っ子は、キツネに助けられ、最後はめでたく終わるのですが。

実は、ベッテルハイム博士は、一九七七年に京都大学の客員教授として来日されており、その機会にお会いしてお話をうかがうことができたのですが、このとき兄弟間の嫉妬が話題になりました。博士は、子どもはだれでも、自分が両親にいちばん愛されたいという気持ちが強いので、兄弟を嫉妬するものだが、自分でもその感情はよくないと知っており、ひそかに抑圧しようとしているものだ。そんな子どもにとって、昔話のなかで、ほかにも同じように兄弟を嫉妬する人がいると知ることは、それだけで大きな慰めになるのだ、といわれました。

わたしが、「一人っ子の場合は、どうなんでしょう?」と、おたずねしたら、「一人っ子にも嫉妬はある。よそのうちの一人っ子は、自分より親に可愛がられているんじゃないかと嫉妬するのだ」とおっしゃったので、思わず笑ってしまいましたが、深く納得もしました。自分が、他の人にとっていちばん大切な存在でありたいと願うのは、人間のまん中にある、動かすことのできない感情なのですね。

また、子どもは、家族や集団のなかで、いちばん小さく、弱い存在である時期が必ずあるのだから、小さい者や、弱い者が、大きくて強い者をやっつける話に意味があるのだともいわれました。これで、一寸法師や、親指小僧や、豆太郎など、小さい者を主人公にした昔話の多いことが腑に落ちます。また、のろまとか、ぼんくらとか呼ばれて、ばかにされている主人公が成功する話が多いこともうなずけます。

子どもが母親に対して、愛憎両方の感情を抱くこともよくわかります。子どもにとって、母親は自分を愛し、自分の生命を支えてくれるもっとも大切な人ですが、その母親は、同時に、自分のしたいことを禁止したり、自分を叱りつけたりするこわい人でもあります。こころのなかに、愛情に満ちた、やさしい存在としての母親のイメージを保っておきたい子どもにとって、自分のなかに芽生えた母親に対する怒りや、恨み、憎しみなどの感情は、扱いにくいものです。一時的に抑えこむのに成功したとしても、その感情が消えてなくなるわけではありません。昔話のなかに登場するまま母（鬼婆、魔女といった恐ろしい女の人も含めて）は、そうした抑圧された感情の引き受け手となる存在で、子どもは、彼女らに、自分のなかのネガティブな母親像を投影することによって、マイナスの感情を健全なやり方で解放することができるのだ、と心理学は分析するのです。

また、子どもは、いずれ親から独立しなければならないわけですが、「悪い母親」は、子どもを谷底へ落とす獅子同様、子どもの自立を促す存在でもあるといいます。表現の特徴を述べたところで、よい性質をよい人に、わるい性質をわるい人にふりわけて、ひとつの平面に並べて見せるということが出てきましたが、これとからめて考えると、昔話のなかに、わるいまま母が頻繁に登場する意味がよく理解できるでしょう。

まま母と並んで、昔話には、悪い、おそろしいものがたくさん出てきます。悪魔、魔女、鬼婆（山姥）、大男、トロル、怪物、などなど。動物のなかにも、悪役を一手に引き受けている狼がいます。場合によっては、狐、熊、ハイエナ、コヨーテなども同じ役を担っています。「三匹のやぎのがらがらどん」のトロルに見たように、主人公を脅《おびや》かす存在は、心理学では、人が人生で出会う困難、危険、敵、不幸、さらには本人の内部にある不安、恐怖、臆病、弱さ等を象徴しているとみなします。

昔話のなかでは、これらの〝こわいもの〟は、必ずやっつけられます。それでこそ、聞き手は安心できるのです。昔話が、首尾一貫して、人は、最終的には、自分を脅かすものに必ず勝つ、というメッセージを送りつづけているのだと知れば、「三匹の子ブタ」で、狼が煮て食われる結末は残酷だからと、「謝って、なかよく暮らしました」とする改竄《かいざん》が、どんなに間違っているかは、すぐにわかるはずです。

禁断の木の実

河合氏とベッテルハイム博士の二冊の本は、わたしたちのように子どもと昔話を結びつけて考える者にとっては、目の前に新しい扉を開いてくれた感のある書物でした。無意識という概念をもちこむことによって、今まで見えていなかった地平を見せてくれ、わたしたちの疑問に新しい方向から光を当ててくれました。心理学による昔話研究がわたしたちに教えてくれたいちばん大きなことは、昔話はこころの奥深くで起こっているドラマを描いており、それは現実の世界とは次元の違う原理によって動いているのだから、この世的な基準で判断してはいけないということでした。おかげで、ご都合主義だとか、モラルに反するとか、つじつまがあわないとか、非科学的だとかいう昔話への非難の大部分は、論破できるようになったと思います。

もっとも、昔話伝承の担い手であった素朴な民衆は、心理学者の説明を待たずとも、昔話を動かしている原理、あるいは昔話が伝えようとしている真実を察知していたのだと思います。かれらがこの世の理屈にあわないものをすべて排除していたら、大半のお話は今日まで生きのびてこられなかったと思いますから。

その一方で、これらの研究は、大きな危険を孕《はら》んでいることも感じます。『昔話の魔力』は、昔話が子どもの内的成熟に欠かせないものだということを説き、おとなたちに、ぜひ子どもに昔話を語ってやってくれと、熱をこめて訴えている本ですが、そのなかでベッテルハイム博士自身、「なぜある昔話が子どもの心をとらえるか、理由を子どもに説明したら、昔話の魔力は台なしになってしまう」と、述べています。同じことは、親や語り手たちについてもいえるのではないでしょうか。

精神分析の手法による昔話分析は、〝素人〟には非常におもしろいものです。読んでいると、「へぇー」「ふーん」「そうなのか」「なるほど」と、絶え間なくうなずいてしまうほどです。でも、分析はつまるところ、解釈であり説明です。物語を生かしている力ではありません。物語そのものは、どんな解釈よりずっと大きく、ずっと豊かです。解釈のおもしろさに足をとられて、物語そのもののおもしろさから離れてしまうことのないよう自戒する必要があります。

実をいうと、わたしは、『昔話の魔力』の第二部は、斜め読みどころか、ごくごく表面をなでて通っただけで、ほとんど読んでいません。ここに足を踏み入れたとたん、「禁断の木の実」ということばが頭をかすめたからです。話に出てくる小道具に至るまで、それが何を象徴し、何の意味をもつか云々……と説明されると、それをすっかり忘れて、その話を語ることはできなくなるだろうと思ったのです。あくまで、素朴にお話をお話としてたのしむつもりなら、このような意味づけや、解釈には踏みこむべきではない、とわたしは思っています。

何年か前、あるところで、「金の不死鳥」*というカナダの昔話を語ったことがありました。盗まれた知恵のリンゴを求めて冒険に出る王子(三人目の!)の物語ですが、そのなかに、王子が真っ暗な穴を降りて行く場面があります。終わってから何人かの方とお話をしていたら、そのうちのひとりの方が、したり顔に(と、わたしには思えました)、「あれは、つまり、無意識の世界に降りていくというわけですわね」と、おっしゃったのです。そのとたん、わたしのなかで、お話の何かがこわれた気がしました。実際、そのあと、このお話を語る元気がなくなり、ふたたび語れるようになるまでずいぶん時間がかかりました。昔話の魔法は、強い力をもっているけれど、こわれやすいものでもあるのですね。

わたしたちは、これまで、まずは単純に子どもをたのしませるため、そして、できればそれが読書への道筋をつけてくれるように願って、昔話を語ってきました。そして、昔話を聞く子どもたちの姿から、昔話のもつふしぎな力を感じてきました。それだけでも、わたしたちが今後も昔話を語りつづけていく原動力としては十分なのですが、すぐれた研究者の真剣な研究のおかげで、文学作品として見た場合に、昔話が子どもに適していること、心理的に見て、子どものこころの安定と健康、内的な成熟に欠かせないものであることを学ぶことができ、強力な後ろ盾を得ることができました。

しかし、今わたしが大切にしているのは、単純素朴に「昔話はおもしろい！」と感じる気持ちです。子どもたちがお話をせがむ理由、くりかえし聞きたがる理由も、「おもしろいから」です。ここからはずれてはいけないと、自分にいい聞かせています。

二つの層に訴える

わたしは、かねがね、自分の経験から、昔話は、二つの層で子どもに訴えているのではないかと感じてきました。だれがどうした、と出来事が語られている表面のレベルと、もっと深い、物語を動かしているエネルギーのようなものが働きかけている層と。子どもたちが、よくわからないのではないかと思われる話を、まるで魅入られたように聞くのを見ると、そんな気がしてならないのです。ときには、自分が語っていながら、物語と聞き手の子どもが、語り手のわたしの知らないところで交流しているように感じることさえあります。

これは、心理学者にいわせれば、無意識のレベルということになるのでしょう。事実、ベッテルハイム博士も、「昔話は子どもの無意識に直接働きかける」と、おっしゃっています。でも、わたしは、そう簡単に無意識だけでことを片づけてしまいたくありません。物語を聞きながら、その子が、そのとき、無意識に必要としている何かを物語から得ているということはもちろんあるでしょう。しかし、昔話にこころを預けているときの子どもの様子を見ていると、子どもは昔話を何よりもまず〝お話〟としてたのしんでいるのだと感じますし、同時に、個々の物語のレベルを超えて、もっと大きな物語世界に呼応している。そこに自分にとって大事なものがあると直感的に感知している。そのように思えてしかたないのです。

子どもが昔話から得るもの

子どもが、ひとつひとつの物語からでなく、昔話というもの全体からつかみとっているものはなんでしょうか。それは、大きくいって、三つのことではないかと、わたしは考えています。すなわち、空想すること、物語というものの枠組みを知ること、それと、希望を持つことです。

昔話のなかで、子どもは、空想すること、架空の世界に遊ぶことを体験します。昔話は、子どもたちがのびのびと空想し、架空の世界で思いっきり遊べるように、子どもたちを魔法にかけるのですね。ちなみに、『昔話の魔力』の原題は、"*The Uses of Enchantment*"です。enchantは、(人を)魔法にかけるという意味で、enchantmentは、魔法にかけられた状態をいいます。それにuse(使い道)、つまり効用があるというのです。子どもは、もともと空想好きではありますが、それにはきっかけになる刺激、また空想をふくらませるための〝栄養〟が必要です。昔話の魔法は、それをたっぷり提供してくれます。

くりかえしお話を聞いて、空想することに〝習熟〟した子どもは、自分でも空想の糸をつむぐようになり、自分のなかに空想の世界をつくりあげることができるようになります。現実とは別に、自分だけの内なる世界をもつことが、今を生きる上でどんなに大切か。昨今の子どもたちのいじめによる自殺のニュースなどに接すると、もしかすると、今の子たちには、あまりにも限られ、閉じられた空間しか見えていないのではないかと心配になります。空想の世界は、そこに逃げ込み、休息し、新しい戦いに備えて力を蓄える場であり、現実にない、もっと広い世界への窓を開いて見せてくれる場なのですから。

物語の枠組みを知るということについてはどうでしょうか。昔話を数多く聞くと、そこにあるパターンがあることがおのずとわかってきます。はじまりがあり、問題が生じ、危険をともなう冒険が展開し、でも、必ず助け手が現れて、クライマックスでものごとが解決し、幸せな結末に至る……というパターンです。その昔、野村先生にうかがったお話では、ロシアの昔話研究者ウラジーミル・プロップは、アファナーシェフ*の編纂したロシアの昔話を、主人公の行動を中心に分析し、「すべての昔話は、単一の形式に帰着する」と結論したということでした！　ロシアにかぎらず、どこの国の昔話でも、結局は同じなのではないでしょうか。そして、そのパターンは、おそらく人間が、ものごとを自分のなかにおさめるときに用いている基本的パターンなのだと思います。

井上ひさし氏は、ニュースで、犯人がつかまったと知ると、ほーっとためいきをつくのは、これでひとつの物語が完結したというためいきであり、人間は何もかも物語にしなければ気のすまない生きものなのだと述べておられます。そして、人がそういう存在であるのは、めいめいが自分という物語を生きており、その物語の先が見えないからだ、と。人が文学に求めているのは、自分という物語の先に少しでも光をあててくれることだ、というのです。

人がそのように物語を求めているなら、自分の物語を生きはじめたばかりの子どもたちが、「お話して、お話して」とねだるのは、当然のことではないでしょうか。子どもたちは、昔話に慣れ親しむことによって、自分のなかに、しらずしらずのうちに物語の枠組み――それはとりもなおさず生きる枠組みでもあるわけですが――を構築していくのだと思います。

そして、その昔話が全体として伝えているメッセージは、希望です。ほんのわずかの例外を除いて、昔話のほぼ百パーセントがハッピーエンドであることが、それを示しています。どんなに小さくても、ばかといわれ、のろまとさげすまれても、昔話の主人公は、最後には成功し、望みのものを手に入れます。途中の冒険がどんなに危険でも、必ず助け手が現れて、困難を克服します。自分に敵対する悪は、必ずやっつけられます。昔話は、こういうことを説明するわけでも、お説教するわけでもありません。ただ、おもしろい、満足のいくお話にしてさしだすだけです。それをくりかえし聞いているうちに、子どものこころの中には、いつのまにか、それと意識しないうちに、苦難に対する抵抗力がつき、それに立ち向かう勇気が育まれていくのだと思います。

子どもたちには、ぜひ昔話に親しんでほしいというのが、昔話の底力にふれたわたしの願いです。ビューラーは、五歳から九歳を「昔話年齢」と呼び、ベッテルハイム博士は、昔話は、子どもが五歳くらいになったころから、ほんとうに意味をもってくる、といっています。わたしたちの経験からいっても、この年齢は、もっとも魔法にかかりやすい、昔話がたのしめる年齢だと思います。でも、それを過ぎたらだめということではありません。おもしろいと思える人には、昔話はかならず何かを与えてくれるものです。

子どもに昔話を届ける役は、子どものまわりにいるおとなの人に頼むしかないのですが、欲をいえば、ただ本を手わたすのでなく、声に出して読んであげてほしい。ほんとうは語るのがいちばんいいのですが、本なしに昔話を語れる人は、そう多くないと思いますから。でも、昔話は、本来語られてきたものですから、語られてこそ、そのおもしろみが十分味わえるのです。それに、こわい話などはひとりで読むと不安になるけれど、大好きなおかあさんやおとうさん、いつもいっしょにいる保育士さんや先生などに、語ったり読んだりしてもらえば、安心です。

子どもが喜ぶことをしてやりたい、と思うのは、おとなの自然な気持ちです。昔話は、子どもを喜ばせることができます。何かの意味がある、役に立つ、ということ以前に、素朴に、この人類の大きな文化遺産を、子どもといっしょにたのしんでくだされればと願います。

＊巻末に昔話の本のリストがあります。

四章　本を選ぶことの大切さとむつかしさ

だれかのために本を選ぶときに働くのは、基本的には親切心
——多少おせっかいのまじった愛情——だと思います。

知っている子どもに選ぶときの三原則／好きな本、子どもの求めている本、古い本／ブックリストの活用／図書館を利用する／よい本とは？／図書館での図書選択／図書館の蔵書は、図書館の存在理由を示す／図書館の蔵書は書店の品揃えとは違う／子どもは自分が何をたのしめるかまだ知らない／おもしろい本との出会いがおもしろさの基準を決める／イーノック・プラット公共図書館での児童書選択の実際／書評誌の役割／蔵書構成のバランス／廃棄と補充リスト／蔵書は時間をかけて磨きあげていくもの／日本の現状／選ぶことで作品創造の過程に参加する／選ばないことがもたらす文化的不毛／選ぶのは愛情／ひとりがひとりとわかちあうことが基本

本を選ぶ三つの原則

子どもに本を読ませたい、本を好きになってもらいたいと願っている親御さん方から、いちばんよく受ける質問は、「どんな本を選んだらよいでしょう?」というものです。また、図書館で本を選ぶ立場にある人たちが、いちばん頭を悩ませるのも、何を選ぶかということです。親の責任のなかでも、図書館の数ある仕事のなかでも、本を選ぶということは、そう簡単には答えの出ない難問題なのです。よく知っているひとりの子どもに、その子に向きそうな一冊の本を選ぶのと、不特定多数の子どもたちがやってくる図書館で、館全体の蔵書構成を考えながら、多くの種類、冊数の本を蔵書として選ぶのとでは、おのずから違いがありますから、ここでは、この二つを分けて考えることにしましょう。

まず、よく知っている、あるいはなんらかの関係のあるひとりの子どもに選ぶ場合。親が子に、あるいは祖父母が孫に、または、親戚や、知り合いの子どもに、お祝いの贈りものとして選ぶなどの場合です。親が子どもに本を選ぶのは、なんといっても学校へ行くまでの幼い時期、したがって絵本が中心になるでしょう。子どもは、この世の中にどんな本があるのかも、そもそも本というものがあるかどうかも知らないわけですから、初めてその子が目にする本を選ぶのは責任重大といっていいと思います。

ニュージーランドの図書館員ドロシー・ホワイト*は、わが子の読書記録をもとにして幼児期の読書について考察した著書『五歳までの本』*のなかで、「絵本は、子どもが最初に出会う本です。この本がどんな本かによって、子どもが本好きになるかどうかが決まります」という有名なことばを残しています。そんなことをいわれると、親は、ますます緊張してしまいますね。

たしかに、初めて出会った本のなかに、大きな喜びを発見した子どもは、もっともっと本が読みたくなるでしょうし、幼い日に、本というものに対するしっかりした信頼を抱くことになるでしょう。また、本のおもしろさの基準といったものも、おのずと感じ取るようになるでしょう。よく聞く話ですが、骨董屋の主人は、小僧を教育するのに、最初にほんものやいいものだけを見せるといいます。それで目を養うと、贋物《にせもの》や、質のよくないものがおのずとわかるようになる、というのです。

最初に出会った本がお気に入りの本になれば幸せですが、子どもが出会う本は、その一冊だけではないのですし、子どもはひとりひとり違いますから、あなたが用意した初めての本がその子のお気に入りにならなくても、それほどがっかりすることはありません。最初に選ぶときは、すでに評価の定まった本のなかから選ぶことになるでしょうが、大勢の子どもに喜ばれているる本がかならずしも「その子にとっての一冊」になるとは限りません。そんなに大げさに考えずに、どんな出会いが生まれるかたのしみに、試してみるくらいの気持ちでお選びになるといいでしょう。

どんな本を……というおたずねに対して、わたしがいつも答えとしてあげる原則は、まず、自分が好きな本を選ぶ、ということです。絵本は、子どもが読むものではなく、おとなが読んでやるものですから、読み手になるおとながその本を好きでなければ困ります。子どもは、本の内容や、絵のスタイルよりも先に、おとながその本に対して抱いている気持ちを敏感に感じ取るものです。そして、その気持ちが子どもの本へ向かう気持ちを左右します。いい本だということだから、わたしはつまらないと思うけれど、まあ、読んでみましょうなどと、なかばお義理で読まれるよりは、読み手が、「ね、これ、おもしろいでしょ！」と、熱をもって読むほうが、当然のことながら、子どもはひきつけられるし、たのしむでしょう。

ときどき、「自分は子どもの本のことはよくわからないから」といって、店頭に並んでいる本を中身を見もしないで買う人がいます。たとえそれが専門家のすすめる〝いい本〟だったとしても、こんなふうに選ぶことから手を離してしまうのは残念な気がします。これが服や靴なら、子どもに似合うかどうか、大きさや質はどうかなどと、もっと気を配るでしょうに。わからないまでも、少なくとも自分なりの基準をあてはめて、納得して選んでほしいと思います。

おとながいいと思って選んだ本が、子どもに受け入れられなかったときは、残念ですが、でも、それは決定的な失敗だと考える必要はありません。たまたま、そのときその子の要求していたものと合わなかったのでしょう。時間がたってから、喜んで読むようになることもよくあることですから。このことは、子どもがそのとき求めているものを選ぶ、という、本選びのもうひとつの原則を思いださせます。

子どもがごく幼いうちは、実際に生活のなかで見聞きしたこと、体験したこと、そのとき興味をもっていることが、本やお話のなかに出てくるのを、ことのほか喜びます。本のなかに、実生活で親しんでいるもの、関心があるものを見つけると、いわばそれが〝手引き〟となって、本――フィクションの世界へ入りこんでいけるのです。乗り物や動物は、いつの時代でも、子どもたちの、とくに男の子たちの興味の中心です。したがって、それが題材になっている本は、いつでも子どもに人気があります。ですから、子どもをよく知っている場合は、その子が興味をもっていること、喜びそうな題材の本を選ぶことができるでしょう。

そのつぎに、わたしがよく申し上げるのは、古い本を選ぶ、ということです。ここで古い本というのは、長年出版されつづけている本という意味です。本には、後ろに奥付《おくづけ》といって著者や、出版社、発行年月日など、いわばその本の履歴が示されている箇所があります。そこには、かならず初版の出版年と刷数《すりすう》、つまり、その本が最初に出版されたのがいつで、現在手にしている本がその何刷り目かということが記されています。最初に出た年が古いほど、そして、刷数が多いほど、その本は、長い間、また大勢の人に購入され、読まれたことがわかります。

たとえば、幼い子に愛されつづけている絵本『ぐりとぐら』は、初版が一九六三年です。そして、二〇一五年一月の時点で、二〇四刷りとなっています。すでに半世紀近くにわたって読みつがれているのです。このことは、少なくともこの本が、昨日今日出版された本よりも、子どもをひきつける力が強いことを示しています。

子どもの本の場合、新しい本――出版されたばかりの本――を追いかける必要はまったくありません。子ども自体が〝新しい〟のです。たとえ百年前に出版された本であっても、その子が初めて出会えば、それは、その子にとって〝新しい〟本なのですから。そして、読みつがれたという点からいえば、古ければ古いほど、大勢の子どもたちのテストに耐えてきた〝つわもの〟といえるのです。

ひとつの問題は、こうした古い本が、かならずしも、書店ですぐ手に入るというわけではないということです。一般の書店は、新刊書を中心に品揃えをしていますから、いわゆるロングセラーと呼ばれる読みつがれている本を常備しているわけではありません。ですから、書店の店頭で目に触れる機会は少なく、店頭に並んでいるものだけのなかから選ぶとなると、古い本を手に入れるのはむずかしいということになります。全国には、数は少ないけれど、子どもの本を専門にしている書店、あるいは、子どもの本にくわしい書店員のいる書店があります。そこには、ロングセラーが揃えてあり、本選びの相談にものってくれます。そういう書店が近くにあるといいのですが。

そこで、鍵になるのは、二章で述べたブックリストの活用です。図書館を中心に、子どもの読書に関わるさまざまな団体、個人などによって編纂された本のリストがありますから、それらを参考になさることです。これによって、書店の店頭で選ぶより、幅広く、また、すでに関係者の評価を受けている本のなかから選ぶことが可能になります。ロングセラーの多くは、書店になくても、注文すれば手に入れることができます。

図書館へ行ってみる

さらに、もっとていねいな選び方をしたいということであれば、これも二章でおすすめしたように図書館へ行ってみることです。現在では、どの公共図書館も子どものための部屋——児童室をもち、子どもへのサービスを行っています。児童室に並んでいる本は、本来、子どもの本や読書について専門的な知識のある職員が選び、長年にわたる子どもへのサービスの経験に基づいて常に再点検しながらつくりあげた蔵書です。ですから、そこには、もちろん読みつがれた古い本を含め、一定の基準を満たす本が並んでいるはずなのです。

残念ながら、現状では、どの図書館でも、それほどていねいな選書と蔵書構築が行われているとは限りません。しかし、たとえ館によって蔵書の内容に開きがあるにせよ、少なくとも図書館は、子どもの読書にとって大事な場所であり、本選びのひとつの助けとなることが期待されます。子どもの読書を社会全体で支援する機関としての図書館の問題は、五章でくわしくふれたいと思いますが、図書館は、多くの人が使うことによってよくなっていくものですから、お子さんのいる家庭では、ぜひ地域の図書館を活用するよう心がけてください。

理想をいえば、まずは子どもを図書館へつれていき、子どもの本と読書について知識と経験のある職員によって心して選ばれた蔵書のなかから、子どもに自由に本を選ばせ、そのなかでも、とくに気に入ってくりかえし読むようになった本を購入して、その子の個人蔵書をつくりあげていくことができればいちばんいいのですが。

図書館で子どもたちが本を選ぶ様子を見ていて感心するのは、幼い子どもほど、選ぶのに迷いがないことです。表紙を見せて並べてあるものは、絵を見て選んでいるのだろうと思うのですが、背文字だけを見せて、棚にびっしり並んでいる本のなかからも、〝自分の〟一冊を探し出します。字が読めないのにどうして？　と、ふしぎに思うのですが、何か第六感のようなものがあるのかもしれません。こういう姿を見ていますと、やはりある基準で選ばれた本のなかから、本人が選ぶのがいちばん、という気がしてなりません。

子どもたちは、目にふれるもの、手の届くもののなかからしか選べません。また、自分がどんな本が好きなのか、どんな本をたのしめるのかもわかっていません。おもしろいと思う本に出会ってはじめて、それがわかってくるのです。その意味からいっても、子どもより、本について多くの知識や入手手段をもっているおとなが、一定の幅をもつ蔵書を用意して、子どもたちに差し出してやることの大切さ——それこそが児童図書館の第一義的存在意義ですが——を思わないではいられません。

こうして子どもの生活のなかに本が場を占め、お気に入りの本をたのしむ習慣ができたらしめたもの。お気に入りの本を核に、子どもの興味の発展に従って芋づる式に本を選んで、その子の本棚をつくりあげていくことができるでしょう。ある本をたのしんだら、その作者の別の作品を読んでみる、その本と同じテーマの別の本を読んでみる、その本のなかで紹介された別の本や別のテーマについての本に手をのばす、などというのは、読書人としての自然な成長の道筋です。その道筋が見えてきたら、本を選ぶこともさほどむずかしくはなくなるのではないでしょうか。

「よい本」とは

ここで、ちょっと止まって、「よい本」ということについて考えてみたいと思います。わたしたちは、「子どもによい本を」などと気軽にいいますが、「よい本」とはいったいどんな本をいうのでしょう？　わたしは、本それ自体に「よい」「わるい」というレッテルをはることはできないと思っています。本は読まれてこそ意味が生じるものです。ですから、読む人、すなわち読者がその本をどう受け止めたかによって、よいわるいの評価も生まれるのだと思うのです。

読者と関係なく、はじめからよい本があるのではなく、ひとりの読者がある本に出会って、それがなんらかのよい結果を生んだとき、その本は、その人にとって、「よい本」になるのだと思います。その本を読んで知らないことを知った、空想力を刺激されてふしぎな世界を体験した、面白くて大笑いした、しみじみと人の心の深みにふれた等々、いろんな形でこころを動かされ、たのしい思いをしたら、それが、その子にとってのよい本なのです。

あまり大した本ではないと一般に思われている本でも、そのなかの一節、あるいは一枚の挿絵が、読む人に忘れがたい印象を残すということもあるでしょう。子どもの場合、それほどよく書けていない作品でも、想像力で大きくふくらませて読むので、満足のいく読後感を得ることもあります。

逆に、「よい本」とされている本を読んでも、おもしろくないという感想をもつこともありましょう。ある種の本は、ある年齢に達しないとおもしろさがわからないことがあります。好みや、そのときの興味のありようが、ある種の「よい本」を、ある人には無縁のものにしている場合もあります。

古典といわれる本は、万人が認めた「よい本」であるわけですが、そのよさは、だれでもがすぐわかるというものではありません。読者の側に、そのよさを味わうだけの準備ができていない、あるいは、出会い方がわるいと(教科書に載っていたからつまらなかった、という声をどんなにたびたび聞いたことでしょう！)、たのしむというところへはなかなかいけません。

本のよさは、読者との関係で決まってくるもの。読者の反応を抜きにして、本の価値を決めることはできないのです。でも、図書館では「よい本」を選んで、蔵書に加えているわけですし、さきに利用をおすすめしたブックリストも、選者たちが「よい本」を選んで、紹介しています。そのときの「よい本」の基準はなんでしょう。それは、ひとことでいえば、これまでの読者の反応の集大成といえるでしょう。また、そうであってほしいと思います。

ひとり、あるいは多くても数人の子どもが育つ家庭では、それぞれの子どもが愛着を示した本があったとしても、子どもたちがそれらの本から卒業してしまうと、そのことは忘れられてしまいます。しかし、児童図書館、学校図書館などで、毎年、毎年、数多くの子どもたちが同じ本を喜び、くりかえし読みたがるということが起こると、その事実は、図書館員の記憶にとどめられ、知識となります。

図書館員が、こうして本を読む子どもの姿から、子どもはどんな本をよろこぶか、あるいは本のどんなところをおもしろがるか、どんなふうに書かれていたらよくわかるか、あるいは逆によくわからないか、どんなことを本に求めているか、といったことを学んでいけば、その図書館員は、子どもの喜ぶ本についてある種の勘を養うことができるようになります。そして、長く経験を重ねれば重ねるほど、その勘は少しずつ確かなものになっていきます。その知識や経験をことさらに分析的に整理し、抽象的なことばで表現しなくても、それは図書館員のなかにひとつの基準をつくりあげていくでしょう。図書館員が本を選ぶ基準は、こうしてつくられていくのです。

もちろん、この基準には、図書館員自身の幼い時からの読書体験が関わってきますし、成人してからの読書によって得たものの見方、人間や社会についての考え方が加味されることはいうまでもありません。しかし、異なる個人や団体によってつくられたブックリストに、共通の本が取り上げられているところをみると、一般に「よい本」についての基本的な同意があることも事実です。

わたしは、さきに古い本を選ぶようにといいましたが、立場の違う人たちによって選ばれたブックリストに共通する本は、その古い本――ロングセラーとほぼ重なるものだといえます。時のテストを経た本、多くの子どもたちによって支持されてきた本、豊かな読書体験をもつ人々によってすすめられてきた本、それらのなかにこそ、ひとりひとりの子どもが、その子にとっての「よい本」を見出す可能性が、高い確率で存在するといえるでしょう。

図書館の選書

さて、図書館員が本を選ぶ基準についてふれましたので、ここで、図書館での本の選択について考えてみたいと思います。本の選択は、図書館の数ある役割のなかでも、もっとも大事なものです。蔵書は、図書館の存在意義を左右するからです。

高度経済成長の一時期、公立図書館の資料費予算が大幅に増大していたころ、全出版物の何パーセントを購入できるかで、図書館が資料の豊かさを競うという風潮があり、驚いたことがあります。出版社の出すものを片っ端から購入することが図書館の自慢になるなどということはおかしなことだと思います。予算が削減される一方の現在では、そういうことは話題にならなくなりましたが、たとえ予算が潤沢にあったとしても、図書館から本を選ぶという仕事をなくすことなど考えられません。

出版点数が非常に多い。図書館の収蔵能力に限界がある。かつ予算も限られている。——現在のこういう状況のなかでは、図書館は必要に迫られて本を選ばざるを得ません。でも、それだけが、図書館が本を選ぶ理由でしょうか。そうではないと思います。それなら、お金と場所が十分あれば、本を選ばなくてもよいということになってしまいます。

図書館の蔵書は、図書館の存在理由を示すものです。そこに置かれている本がどんなものかによって、図書館の果たす役割が決まってきます。蔵書が、その時々の話題の本と、軽い読み物中心に構成されていれば、娯楽を提供するのが、図書館の主な目的になるでしょう。反対に、それぞれの分野の基本的な参考書が揃っており、さらに新しい考えの刺激になる研究書、一般書が加わっていれば、何かを真剣に求めている人たちに応えることができるでしょう。図書館が、社会のなかで、どのような役割を果たしていきたいのか、あるいは果たすべきなのか、その目的・理念を形に表すものが、その図書館の蔵書構成なのです。とすれば、選択の任にあたる図書館員がどんなに大きな責任を負っているかおわかりでしょう。

図書館における図書選択の基本は、読者(住民)の要求に応えることです。ただ忘れてならないのは、顕在的な要求だけでなく、潜在的な要求をも見極めることです。少し古いものですが、アメリカの公立図書館が発達のピークに達した一九三〇年代から六〇年代にかけて、アメリカの図書館学校で図書選択の基本的教科書として広く読まれていたヘレン・ヘインズ*の『本とともに生きる*』には、読者の要求には、読むのに努力を要しない軽いものを求める多数の大衆からの要求と、本のなかに、こころを養い、精神にインスピレーションを与えるものを求めている少数派の個人からの要求があり、そのどちらにも応えなければならないと述べられています。

問題は、多数派からの要求は声が大きく、無視できないことです。また、表面に出てくる要求には注意が集まりやすいけれど、かくれた要求に気がつく人は少ないことです。読むのは決まって軽いミステリーという人でも、こころの底で何か満たされないものを感じていたり、当の本人も気づかぬままに何かを求めていたりする場合があり、それがふとしたことで出会った本――自分がふだん読んでいる本とは違う種類の本――によって、思いがけず新しい世界が開けるということがないわけではありません。

わたしが最初に勤めた図書館の館長エドウィン・キャスタニヤ氏は、常々こういっていました。図書館員のなかには、世の中には、本にはまったく無縁の人がいるものだ、と考える人がいる。人口の何パーセントかは、図書館がどんなに努力しても、けっして利用者にはならないだろう、というのだ。しかし、自分はそう決めつけてしまうことはできない、と思う。どんな人にも、深くさぐっていけば、かならず好奇心や向上心、まだ火をつけられていない学習意欲があり、どんな人でも何かを学んだり、達成したりしたときには、喜びを感じるものだ、と。

そのときどきの話題の本を、図書館がまったく扱わないということはできないでしょうが、図書館の本の選択が流行だけに左右されるとしたら、それは賢明なこととはいえません。リクエストがあるからといって、複本(同じ本)を多数購入したのはいいが、短期間でブームは去り、顧みられなくなった本が書庫に並ぶ、という状況は、わたし自身も一度ならず目撃しています。もし、そのために、本来図書館で備えておくべき本が買えなかったとしたら、それは予算――税金の使い方という面からいっても、許されないことではないでしょうか。

図書館の蔵書は、書店の品揃えとは違います。読者の要求に応える本を備えて提供するという点では同じですが、書店が対象にするのは、現時点の読者の要求です。今出版されている本、今読者が読みたがっている本が中心になります。図書館が対象にするのは、もっと長い時間を見通した、潜在する要求をも含めた幅広い読者の要求です。

図書館には、過去の読者が大きな恩恵を受けてきた本、わたしたちの知識が今日の水準にまで発展してくるのに大きな役割を果たした本が保存されているべきですし、これから先、三十年、五十年経って現れるかもしれない読者のために、その時点でも価値を失わないであろう本を備えるべきだからです。すなわち、図書館には、書店と違って、時代、時代が生み出したもっともすぐれた本が失われてしまわないように保存して、次の世代へ伝えていく役割があり、現在だけでなく、将来を見据えた本の選択をする責任があるのです。

美術館が美しさの水準を示す役割を担っているように、図書館はわたしたちの社会がもっている知とたのしみの水準を表す場所でなければならないのです。

児童室の選書　図書館における本の選択は、このようにきわめて大事な仕事ですが、児童室ではそれがもっと大事になってきます。それは、子どもの読書が、おとなのそれと比べて、ずっと大きい意味をもっているからです。子ども時代は短い。子ども時代に読む本は、よほど本好きの子どもでも、せいぜい五百冊から六百冊といわれています。それに、子どもの本の読み方の特徴として、気に入った本をくりかえしくりかえし読みます。ですから、一冊一冊のもつ重みがおとなのそれとは比較にならないほど大きいのです。それに、子どもは、目の前にある本、自分の手が届く範囲の本からしか選べません。与えられたもののなかから選ぶしかないのです。どんな本があるのか知らないし、ここにない本を手に入れる手立てももっていません。

さらにいえば、子どもには、まだ本を選ぶ基準もありません。イギリスの児童図書館界の大先達であったアイリーン・コルウェルさんは、「子どもは、自分が何をたのしめるのかを知らないものだ」と、いっています。何がおもしろいか、おもしろいものに出会うまで、自分でもわからないのです。そして、心底おもしろいと思える本に出会ったら、それが、その子の「おもしろさ」の基準となるのです。

図書館でおもしろい本に出会った子は、次に読む本にも、同じおもしろさを求めます。図書館でよく聞くのは「これとおんなじくらいおもしろい本なーい?」という要求です。また、何かすすめると「これ、○○とおんなじくらいおもしろい?」と、自分の気に入った本の名を挙げてたずねます。子どもたちがおもしろさの基準にする本が極め付きの傑作である場合、おいそれと「それとおんなじような本」をさしだすわけにはいかなくて苦労するのですが。

子ども時代に、こころからたのしめる、おもしろい本に出会ったら、それが、その子の「おもしろさ」の基準となります。このようにしてつくられた基準は、成長につれてさまざまな修正を受けつつも、基本的には、動くことのない感覚として、長くその子のなかにとどまります。その意味でも、子ども時代にどんな本に出会い、どういう種類の本に親しんで育つかということの影響は大きいのです。子どもが本と出会う場である図書館の児童室に、どんな本を選んで置くのかが、細心の注意をはらってなすべき仕事だということがおわかり願えるでしょう。

子どものとき、近くにある子ども文庫に通っていたという女の人が、あるとき、こんな話をしてくれました。自分は本が大好きで、文庫だけでなく、少し離れた公立の図書館にも通っていて、両方かけもちで本を借りていた。もちろん、公立図書館の方が、本はたくさんあって、つぎつぎといろんな本を借りることができたけれど、でも、文庫には、数こそ少なかったけれど、図書館にない本があった。それに、ときどきおねえさん(文庫の世話人)が、自分からは決して手を出さないであろう本をすすめてくれることがあった。ところが、それを読んでみると、とてもおもしろくて大好きになった。そして、それに似た本を探して読むようになって、自分の読む本の範囲が広がったように思う、と。

このことばは、わたしをいたく喜ばせました。これこそ児童図書館員の仕事の実りを表している例だと思ったからです。どの図書館にも、こんなふうに、子どもたちがそれまで自分のなかにあるとは気づいていなかった「新しいたのしみの能力」を発見できる本が備えられていたら、そして、それをすすめてくれる児童図書館員がいたら、どんなにいいでしょう。

図書館での選択のひとつの実例

では、図書館では、実際に子どもたちのためにどんなふうに本が選ばれているのでしょう。そのひとつの例を、わたしが、児童図書館員一年生を体験した、アメリカのイーノック・プラット図書館（ボルティモア市立図書館）に見てみましょう。これはもう半世紀も前の事例です。アメリカならどこでも、あるいは今でも、これと同じやり方が行われているわけではないと思います。しかし、アメリカの公立公共図書館における児童サービスが頂点に達したある時期、ひとつの図書館で、本選びが、実際に、これだけていねいに真剣に行われていた例として知る価値があると思います。また、このやり方は、児童サービスの基本をしっかりと実践しようとして努力を重ねた結果到達したひとつの形だと考えられるので、規模、職員の能力、労働条件などの異なる図書館で、同じようにはできないまでも、ひとつのモデルとして、今日でも学ぶべきものがあると信じます。

わたしが就職した一九六〇年代の初め、人口九十八万のボルティモア市には、図書館が二十六ありました。中央図書館と、二十五の分館です。そのほかに、ブックモビル（移動図書館車）が三台あって、そのうちの一台は、主に学校をまわる、子ども専用のものでした。

分館は、わたしが働いたいちばん小さい規模のもの——というのは、おとなの分館長と子ども担当のわたし、すなわち図書館員が二人で、蔵書も三万程度のもの——から、大きいものでは、蔵書数五十万、図書館員も十名を超えるものまでさまざまですが、市の図書館全体で、フルタイム、パートタイム合わせて、六百人くらいの職員が働いていました。そのうち、図書館員は二百人余り、児童図書館員は、三十五人ほどでした。ここで「図書館員」というのは、専門職としての図書館員のこと。つまり、なんらかの学科を専攻して大学を卒業し、そのうえで、図書館学校（大学院の図書館学科）に行って図書館学を学び、修士以上の学位を得た人を指します。

全市の児童図書館員は、ですから、全員図書館学の基本科目のほかに、児童文学や子どもの読書、それに図書館における児童サービスに関する専門科目を履修して、修士をもつ人たちです。その人たちを束ねるために、児童部というものがあり、そこには、部長、副部長、部長補佐の三名のベテラン児童図書館員がいて、中央館と分館における児童サービスの全体を統括しています。

本の選択は、個々の分館で別々に行うのでなく、児童部の調整のもとに、全館一体となって行うことになっています。全市で働く三十五人の児童図書館員を、年齢や経験、得意な分野や興味などを考慮して、バランスの取れた三つのグループに分け、それぞれのグループのメンバーが、一年のうち三か月間（七・八・九月は夏休みなので除く）、選書委員会（Book Selection Committee）を構成して、選書会議（Book Selection Meeting）を行い、新刊書を選ぶのです。

選書会議は、月一回、児童部のオフィスのある中央館で行われます。オフィスの一室は、選書室(Book Selection Room)になっていて、そこに検討すべき新刊書が並んでいます。プラット図書館は、大きな図書館で、また児童サービスでは高い評価を受けている図書館なので、まだ刊行されていない本が、見本として送られてくる場合があり、それらもふくめて、この部屋には主な出版社の新刊書はほぼそろっています。児童部長は、それらの新刊書を、数冊ずつ選書委員に割り当てます。ベテランの図書館員には数多く、経験の浅い館員には少なめに。それから、前もって登録しておいた特別の興味、知識のある分野の本は、その人に送られることになります。たとえば、わたしは新米なので、二、三冊しか振り当てられませんが、日本に関する本があると、それはわたしのところにまわってくる、というように。

図書館員は、送られてきた本について、自分なりの評価を下すわけですが、このときの基準になるのは、自分自身の読書体験(とくに子どものときのそれをよく思い出すように、とすすめられます)、図書館学校で学んだ評価の基準と方法、それに、プラット図書館の児童書の選書方針の三点です。図書館員は、就職してすぐ、行き届いた業務マニュアルを受け取りますが、選書方針は、その主要部分を占めていますから、それをよく読んで、選書に当たっては、その方針に従うことが求められるのです。

アメリカの公共図書館では、それぞれの館が明文化された選書方針をもっているのがふつうです。図書館学校で教わる評価基準が、文学性や芸術性の高いもの、人道的、民主的考え方を推進するもの、といった、どちらかといえば抽象的、概念的なものであるのに対し、個々の図書館の選書方針は、通常もっと具体的、実際的です。プラット図書館の場合も、もちろん、前文にあたるところには、子どもたちの健全な成長を助けるといった普遍的な目的が書かれていますが、本文は、分野別に留意すべきポイントを押さえた記述がつづきます。たとえば、科学実験遊びや、柔道・空手の本について、本に書かれてあることを実行して危険がないかどうか、表現方法にその配慮があるかどうかをチェックする、といったことです。

アメリカの公共図書館で、こうした選書方針を明らかにするのは、利用者から、なぜある本を入れたのか、あるいは入れないのか、ということを聞かれた場合に、きちんと答えられるようにする目的もあります。図書館側が、「わたしたちは、この方針に従って、購入する、しないをきめています」と、だれにでもその根拠をはっきりさせることができるように、です。これには、ある種の政治団体、宗教団体から圧力がかかるのを防ぐ意味もあります。

図書館員は、このようにして、自分の職業的知識や、訓練に基づいて、また、館の選書方針に従って本を選びます。そして、その結果をそれぞれの本についている評価用カード（Review

Slip）に記入します。カードは、ノンフィクションとフィクションと、別になっていて、著者、書名、出版社、出版年、価格など、その本についての基本的なデータはもちろんですが、それ以外に、フィクションには、文学的評価、内容のタイプ（空想的、現実的、ユーモラスなど）、扱われている年代と地域、主題、挿絵、読者対象（年齢のほかに、一般向けか、非常に限られた読者に向くかといったことも）について、コメント欄に記入します。あらすじは、用紙の裏に書きこみます。書評者が作品についてくわしく述べたいときも、裏に書きます。

ノンフィクションの場合は、主題と形式（教科書風、エッセイ風、物語仕立て、など）、主題の扱い方（一般的、専門的、技術的、など）と、扱っている範囲、読み物としての価値、挿絵・写真、索引・図版・地図・参考文献の有無、およびその利用価値、などを記入する欄に加えて、フィクション同様短く批評する欄があります。ノンフィクションの著者の経歴、資格等にもふれ、この主題について書くのにふさわしいかどうかについてもコメントが求められます。

本の装丁、造本、印刷、紙質なども、重要な注目点ですが、選書委員は、実際に本を手に取って検討するので、そのときわかることはカードに書かなくてもいいことにはなっています。でも、とくに問題がある場合は、備考欄に記すこともあります。たとえば、「製本は、補強する必要あり」などと（図書館の本は、何度も貸し出されることが前提になっているので、製本には、特に注意が払われます。当時のアメリカでは、一般に書店で売るものとは別に、図書館用に強化製本した本をつくっている出版社があり、全米図書館協会からは、図書館用製本についての仕様書が開示されていました）。

選書委員は、自分に割り当てられた本については、期日までに必要な情報をカードに書きこみ、自分なりの評価をつけてオフィスに提出します。それ以外の本については、都合のつくときに選書室に行って、本にはさまれた、ほかの図書館員が記入した評価用カードを参考に見ながら本を読み、自分の評価をしたうえで、選書会議にのぞみます。プラット図書館では、すべての本を、児童部の三人のうちの一人と、選書委員の一人、計二人の図書館員が必ず読むことになっています。もちろんほかの委員も、時間の許す限り、その月の検討本には目を通します。

選書会議では、読んできた委員が、短く口頭で本を紹介し、ほかの委員が意見を述べます。意見は一致することもあれば、対立することもあり、一回の選書会議では決着がつかないこともあります。その場合は、次の会までに、できるだけ大勢の委員が読んでくる、あるいは、図書館の常連の子どもたちに読んでもらって感想を聞く、といったことをします。そのうえで、図書館に入れたほうがいいか（accept）、それとも入れなくてもいいか（reject）、選書会議全体で意見をまとめるのです。

書評誌の役割

図書館の本は、すべてこうした手続きを経て、図書館に入るのです。つまり、どの本も少なくとも二人以上の図書館員が読んでいて、選書委員会で討論のうえ、委員会として受け入れを決定しているのです。ですから、たとえ自分が目を通していない本であっても、同僚の図書館員と児童部の上司たちが読んでよしとしたということがわかっていますから、内容について安心できます。また、選書委員に当たっていない時期でも、選書室へ行って、書評カードを読めば、本の内容のあらましを把握することができるので、利用者から説明を求められたときにも対応できます。

アメリカの場合、たいへんうらやましいのは、内容の充実した書評誌が数多くあることです。子どもの本については、一九二〇年代から発行されているホーンブック*(Horn Book Magazine)が有名ですが、それ以外にも、図書館協会、そのなかの児童部会、学校図書館協会などの機関誌、図書館員対象の雑誌があり、それらはすべて書評に多くのページを割いています。新聞には定期的に書評欄が掲載されますし、それ以外にも、専門の書評誌があります。

さきに述べたように、児童図書館員は、図書館学校で、児童文学の歴史、児童図書資料とその評価、子どもの読書興味などについて学んできてはいますが、それでも学校で触れる児童書の数は限られています。わたしが働いていた図書館は、市内の分館のうちもっとも小規模のもので、児童書も五千冊くらいだったかと思いますが、初めて現場に立ったとき、自分の知っている本が、あっちに一冊、こっちに一冊と、書架にポツンポツンとしか見えないので、非常に心細く思ったものです。

図書館に来る子どもたちは、図書館員は、図書館にある本は、すべて読んで知っているという「幻想」を抱いているので、棚からひょいと一冊抜いて、「これ、どんなおはなし？」と、いとも気軽に質問してきます。図書館学校では、知らない本について子どもに聞かれたときは、正直に知らないと答えなさい。そして、「あなたが読んだら、どんな本だったか教えてね」と、いいなさいと教わったものですが、五千冊のうち、知っているのが五十冊では、話になりません。そこで、毎晩必死で本を読むことになるわけですが、新刊書については聞かれることが多いので、数ある書評誌に目を通し、読まないまでも本の内容を知っておくように努めます。そのためにも、図書館員向けの専門誌は大きな助けになりました。

蔵書構成のバランス　児童室の蔵書構成については、基本的な考え方があります。蔵書の中心には、核(core)になる本があり、そのまわりに標準的な作品(standard)があり、さらに、その周辺に、そのときどきの読者の関心に訴え、本への誘い水になるような作品群(stepping stone)がある。蔵書は、核をまんなかに同心円を描くような形で構成され、それぞれの占める割合にバランスがとれているように、というものです。また、フィクションとノンフィクション、絵本と読み物、のバランスも大事ですし、ある主題についてはたくさん本があるのに、別の主題についてでは本がない、といったことも避けなければなりません。

第一群である核になる本は、いわば必読図書とでもいえるもの。子ども時代にぜひふれてほしい作品。それを知らずに大きくなったら損をすると思える作品。数は多くないけれども、どの図書館にも必ず備えておくべき作品、を指します。

第二群の標準作品は、核になる作品に比べると、それほど長い歴史をもっているわけではないけれど、ここ何年かコンスタントに読まれている作品で、今後、あるいは古典となって生き続ける可能性のある作品群をいいます。割合でいえば、これがもっとも大きいでしょう。

第三群の誘い水となる作品群は、同時代の人の興味を強くひくもの、流行しているもの、質はあまりよくないが類似の資料がないもの、特殊な主題を扱っていて幅広い読者に訴えることはないかもしれないが、ある種の読者には非常に喜ばれるであろうもの、内容全体からみるとバランスがとれているわけではないが、ある部分については、利用価値が高いもの等々、永続的に図書館の蔵書になる可能性は低いものの、蔵書に彩りをそえたり、ふだんあまり図書館を利用しない読者をひきつけたり、これが刺激となってほかの本への道がつけられるような本を指します。

こうしたカテゴリーは、固定的なものではありません。読まれ方によって、また時間をかけて見ていくことによって、一冊の本の、蔵書全体のなかでの位置が変わっていくことは大いにあり得ます。ただ、新しく本を蔵書に加えるとき、蔵書のなかでのその本の立ち位置を、おおまかにとらえておくことは、蔵書全体のバランスを保つために有効です。とくに、その蔵書を使って仕事をする図書館員が、頭のなかでそれぞれの本がどの群に属しているかを意識していたら、子どもたちへ本を紹介するときにも、長期にわたって蔵書の不備を是正していくためにも役にたちます。

たとえば、学校で、ブックトークをするとき。ブックトークとは、あるテーマにそって、何冊かの本を紹介することをいいます。子どもの目をひきそうな本は、第三群に多く見つかるでしょうが、文字通りの誘い水として効果的だとしても、そればかりでは、ブックトークの目的は達成できません。それを手がかりに、基本的な第二群の本、さらには、読むにはちょっと苦労がいるかもしれないが、内容的にはうんと読み応えのある第一群の本をバランスよく取り上げることが望まれます。蔵書構成の基本が頭に入っていてこそ、こうした本の選択、組み合わせがうまくできるのです。

また、ノンフィクションの棚で、あまりよくできた本とはいえないけれど、この主題に関する本がほかにないということで蔵書に加えた本があるとすれば、それは第三群に入るわけですが、それなら、図書館員は、よく気をつけていて、その主題についての新しい本が出たときには、両者をていねいに比較して、よい方とさしかえる、といったことをしていかなければなりません。そのためにも、蔵書構成のバランスの感覚をもつことが肝要になります。

選書委員会で受け入れが決まった本でも、そのすべてを購入するのは中央館だけで、児童サービスの最前線にいる分館の児童図書館員は、これまで述べてきたようなことを頭に入れ、なおかつ分館の置かれている地域の特色、利用状況、現在ある蔵書との関係、予算等々を考えあわせて、買うか買わないか、買うなら何冊買うかを決めます。

わたしのような新人図書館員でも、分館に割り当てられた予算をどう使うか、自分のところで何をどれだけ購入するかについては、すべての権限をまかされていますが、その判断には、児童部の助言を仰ぐことができます。長年にわたる経験をもち、子どもの本と、全市の状況を知り抜いている児童部の、部長、副部長の助言は、ほんとうにありがたいものでした。

わたしの働いていた分館は、経済的にも恵まれたとはいえない家庭の多い地域で、両親の教育水準も高くなく、子どもたちの読書能力も平均的、本の好みも素朴でした。また、本の扱いが荒いのでしょうか、ほかの分館に比べて本の傷《いた》み、汚れがはやいのでした。このような状況に照らして、児童部からは、学齢前・低学年・中学年向けの基本的な本を充実させること、「おさるのジョージ」*や、『いたずらきかんしゃちゅうちゅう』*といった人気のある絵本は、まめに買い換えて、いつもいい状態の本を用意しておくように、との助言を受けました。また、予算の面からいうと、全体の六割を新刊書の購入に充て、四割を傷んだ本の買い換えに用いるのが適正でしょうといわれました。

わたしが気に入っておもしろいと思った高学年用のフィクションを購入しようとしたところ、これを読む子どもがあなたの分館に何人いるかしら、その分、根強い人気のあるやさしい読み物のシリーズをいれたほうがよいのでは、とすすめられたこともありました。本の選択は、常にこのように地域の特色と利用者の要求を考えて行うものだ、という原則を叩き込まれました。

蔵書を磨き上げる

本は、こういう手続きを経て図書館に入ります。さきに、わたしの分館では、本の傷みがはげしいので、予算の四割は、すでに図書館に入っている本の買い換えに用いるといいました。実際、どんなに人気のある本でも、あまり汚れていたり、古ぼけていたりする本は、手に取られないものです。新しい本に買い換えた途端、次々に貸し出されたりすることはよく経験するところです。プラット図書館では、買い換えについても、ある手順が定められていました。その手続きについてお話ししましょう。

どの分館でも、一年に一度蔵書の総点検を行いますが、これは図書館にある本を一冊一冊手に取って、どのくらい借り出されているか、傷み具合はどうか、などを見ていくものです。総点検の結果、何度も借り出されて傷んでいるもの、書き込みや、汚れが見つかったものは廃棄候補となります。「座り屋さん(shelf-sitter)」と呼ばれる、少しも利用されていない本も、書庫入れ、あるいは廃棄の対象となります。図書館での廃棄は、weeding、つまり草引きと呼ばれていました。こうして蔵書が全体としてバランスがとれ、しかも常に新陳代謝をして、生き生きと保たれているようにするのが図書館員の仕事なのです。

ある本が廃棄の対象になると、図書館員は、その本の目録カードを見て、その本が図書館に何冊入っているかをチェックします。そして、それが、もし、その図書館にある最後の一冊であるとわかったら、「補充リスト(Replacement List)」と照合します。補充リストというのは、もし、このリストに載っている本を廃棄するときには、必ず同じ本を新しく買って補充しなければいけないということを定めたもので、いわばその図書館の基本蔵書リストといえるものなのです。つまり、補充リストに載っている本は、図書館で常備するということですね。

ついでにいえば、図書館がこうした定番の本を毎年購入することは、それを出版した出版社にとっては、売り上げの安定を意味します。そして、その分、時間をかけて、図書館が常備してくれるようなよい本を出そうと努力するようにもなるのです。悲しいことですが、日本ではいい本が出ても、すぐ絶版になってしまい、買い換えようとしたときには、もう手に入らないということが、たびたび起こります。図書館の購買力に支えられて出版社がよい本を出し続けられる状況にはなっていないのです。

ところで、この補充リストも、常に改訂されています。フィクションは作家名のアルファベット順に、ノンフィクションは分類別に、いくつかの組に分け、毎年、そのうちの幾組かを対象に、実状に合っているかどうか――リストに載っている本は、現在手に入る最上のものかどうか、図書館での利用状況はどうか、座り屋さんになっていないかどうか、ノンフィクションの場合、データが古くなっていないかなど――を図書館員全員で検討します。そうすると何年かで全部の組の再検討が一巡することになります。こうしてリストが常時最新の状態に保たれているように配慮されているのです。

廃棄・補充も選書のひとつの形です。購入を入口とすれば、廃棄はその出口で、これをまめにくり返すことが、蔵書の鮮度を保ちます。入るときと、出るときの両方で、きちんと手順を守って、ていねいに本が選ばれる。そうして、年月を重ねていくうちに、蔵書が次第に磨かれて、その図書館の目的や理念にかなうものに育っていく、それが理想です。そうなれば、図書館の蔵書と、書店の品揃えにはおのずと違いが出てくるでしょう。

日本の場合

ひるがえって現在、日本の図書館では、どのように選書が行われているでしょうか。プラットのような徹底したやり方はとても望めないでしょう。図書館員の層の厚さや、経験の量、図書館員になるまでの学習・訓練が根本的に違うのですから、同じようにしようと思ってもできないのは当然です。

いちばんふつうにとられている方法は、地元の書店や、取次が「見計らい」と称して一定期間おいていく新刊書のなかから、実物を見て適宜選ぶ。また、出版社、流通業者、国会図書館などから送られてくる新刊情報を見て、これはと思うものを注文する、というやり方だと思います。最初から、流通業者が、図書館の規模に応じてあらかじめセットにした本を提示し、それをそのまま購入している例も多いと思います。実際、現場でそれらの本を扱う職員が、前もって本を読んでから買う、買わないを決めることはまれで、しかも、本についての情報を入手する手立ても十分とはいえません。

購入した本の読まれ方、利用のされ方を、選書を担当した職員が追跡して見ていくことも、今の状況ではできていないと思います。本を選んだ職員が、貸出しや、相談の業務に当たるとはかぎらず、利用者に接する最先端の職員は、くるくると変わることが多いからです。

また、現場の状況をよく把握している職員が、廃棄処分に当たるかどうかもわかりません。児童サービスを担当する職員に経験と知識がなく、古いからといって機械的に処分したため、貴重な資料が失われた例も、わたしが見聞きしただけでも何件もあります。入る時点でも、出る時点でも、専門家の目が働いていないと、蔵書を育て上げていくことはできないのです。

また、ある時期、一部の公共図書館で、図書館員による本の選択は市民に対する越権行為である、という議論が大真面目になされたことがありました。その議論は、子どもの本にもあてはめられ、図書館員が本を選ぶのは、子どもが自由に読みたいものを選ぶ権利を妨げる行為だと考える人が現れました。自由とか権利とかいわれると、もっともらしく聞こえるかもしれませんが、こうした議論は、ほんとうに子どもを尊重したものといえるでしょうか。

図書館員が本を選ばないということは、出版されたものは無条件ですべて購入し、読者に好きなように選ばせるということだと思います(さきに、図書館が全出版物の何パーセントを購入するかを競った例があると書いたのを憶えていらっしゃるでしょうか)。では、出版社は、どうやって出版する本を決めているのでしょう。持ち込まれた原稿を右から左へすべて本にしているわけではありますまい。依頼原稿でも、自社の基準に満たないものであれば、書き直しを求めるでしょうし、持ち込み原稿であれば、売れる可能性を含めて、あらゆる点から検討して、選んだものを出版しているはずです。とすれば、図書館が選ばないということは、出版社の選択にすべてを委ねるということにほかならず、図書館としての権利も責任も放棄するということにほかなりません。

図書館で本を選ぶのは、そこで働く職員です。朝、たんすのなかから、今日着る服を選び、自分の好みで選んだ朝食をとり、チャンネルを選んでテレビを見て……いるその人たちが、本だけは選ばないということはおかしいことだと思います。

いい選択ができるかどうか自信がない、自分にそれだけの知識や判断力がないとためらう気持ちがあるというのはわかります。何年経験を積んでも、本を選ぶときには、迷うものです。ためらいや迷いは、選択にはついてまわるものです。でも、日本人らしい表現でいえば、〝ご縁〟があって図書館という場に置かれたのであれば、知識や経験が乏しいのであれば乏しいなりに、自分の力のぎりぎりのところで、本を選ぶという与えられた仕事に取り組むべきではないでしょうか。読者の選ぶ権利を保障する、などということばのかげにかくれて自分の責務を逃れようとするのは、自分で自分をないがしろにすることだと思います。

さらにいえば、選ばないという考え方は、ものには質の違いがないという考え方に通じます。でも、質のよしあしはたしかにあります。あるTシャツは、一度の洗濯で首回りがだらしなくのびてしまうが、別のは何度洗ってもしっかりしているというようなことは、わたしたちが日常体験しているところです。本の質は、生活用品に比べてわかりにくいということはあるかもしれませんが、本に質のよしあしがないとはいえません。たとえば、ある料理の本は、書かれている通りにすれば、ちゃんとしたものができるのに対し、別の本は、説明不足でよくわからない、その通りしようとしてもうまくいかない、ということが、事実あるのです。

わたしの知人でアメリカの高校で作文を教えている人がいますが、彼は、生徒たちに「ピーナッツバターとジャムのサンドイッチのつくりかた」という題で文章を書かせ、本人が書いた文章通りに、教室でピーナッツバターとジャムのサンドイッチをつくらせるという授業をしているそうです。生徒たちは、最初、そんなこと簡単さ、と思うようですが、材料や必要な器具、手順をきちんと書ける子は少なく、生徒によっては、パンでなく自分の手のひらに、指でピーナッツバターを塗る破目になって教室中が笑いの渦になることもあるとか。あちこちがベトベトになりはするものの、その結果、生徒たちは、何かを正確に伝える、ものごとを順を追って説明するということの大事さは理解するようだ、とはこの先生の言でした。

こんな簡単なことでも、伝え方のよしあしによっては、結果に大きな差が出るのです。本がことばによって何かを伝えるものだとすれば、伝える内容の重さ、軽さ、著者が本にこめた気持ちの深さ、浅さ、そして、その表現の正確さ、適切さ、さらには美しさに違いがあるのは当然です。それが質であり、質の違いを認めることが選ぶことにつながるのです。

作家や芸術家、研究者、思想家など、ものを創り出す人たちは、それぞれ、自分たちの作品をより美しいもの、より真実なもの――より質の高いものへ近づけようと努力を重ねています。そうした努力の結果生み出された作品の質の違いを認めて、それを選ぶことは、創作者の努力を認め励ますことであり、選ばない――質の違いを認めない――ことは、こうした人々の努力をむなしいものとすることだといえないでしょうか。作品を享受する人も、選ぶことによって、創り出される作品の質の維持・向上に参加しているのです。

責任をもって選ぶことを避ける。……とにかく全部を提供して、あとは読者の判断に委ねる。……これがどれほど文化的混乱を生じさせているかわからない。せっかくの知的探究のエネルギーも対象が絞られていないために、拡散して不毛に終ってしまうのである。

これは、外山滋比古*氏の『エディターシップ』*からの引用です。日本で明治以降、すぐれたアンソロジー（詞華集）が出ないことを、エディターシップの不在という視点から論じた「アンソロジー」という章のなかに出てきたことばです。エディターは編集者のことで、エディターシップは、ふつう編集者の仕事、職分、権限などを指すことばですが、外山氏は、これを広く人間の知的活動のさまざまな領域にあてはめて興味深い論を展開しておられます。そのエディターシップの核をなすのが「選ぶ」という行為です。

わたしは、この本のエディターシップを、そのままライブラリアンシップ（図書館員の仕事）と置き換えて読み、核心に触れる示唆を数多く受けました。「選ぶには、棄てなくてはならない……。棄てるには永続性のある価値は何かがはっきりしていなくてはならない。……（アンソロジーの編者は）後世へ価値あるものを伝承していく関所を預かっているようなものである」などということばは、まさに図書館員に向かって振り下ろされた警策のようにさえ思えます。

ひとりからひとりへ　図書館における図書選択のなかでも、子どもの本の選書が特別の意味をもっていることは、すでに述べました。あっという間に過ぎ去る子ども時代、それも、いそがしすぎる現代の子どもの生活のなかで、本を読む時間はこれまでになく貴重なものになっています。そうであればなおのこと、子どもたちには、その貴重な機会に、心底おもしろいと思える本に出会ってもらいたいと願います。

身近にいる子どもにであれ、図書館員としてであれ、だれかに本を選ぶときに働くのは、基本的に親切心——多少のおせっかいのまじった愛情——だと、わたしは思っています。人は、美しいものを見たとき、おいしいものを食べたとき、おもしろい出来事に遭遇したとき、家族であれ、友人であれ、愛する者に、同じものを見せてやりたい、食べさせてやりたい、その話をしてやりたいと願うものです。それと同じことです。自分のこころに深く訴える本、自分の目を開かせてくれた本、たのしい思いを味わわせてくれた本があるなら、その体験をだれかと分かち合いたいと願うのは自然なことです。それが選ぶという行為になるのです。

わたしには、折あるごとに思い出し、その都度、ほんとうにそうだ、と確認し、胸に収めてきたことばがあります。大学時代に読んだ岩波新書の一冊『教育入門』*という本のなかに出てきた、イギリスのJ・F・ウォルフェンデン*という人のことばです。

教育は基本的には一人の人が他の人にたいして与える影響だ……どんな場合にも、この影響は一人の人の心、ひとつのパーソナリティー、ひとつの人格が他の人に与えるものだ。いずれにせよ、そこからすべてのものが始るのである。

ここにある「教育」ということばを固く考える必要はありません。わたしたちがふつうに暮らしていて、まわりの人たちと、お互いに影響し、影響されあう、そういう関わりと考えていいと思います。子どもに本を選ぶということも、つきつめれば、ひとりの人がおもしろいと思った本を、ひとりの子どもと分かち合う、それが基本だと思います。図書館での本選びも、その延長にあります。図書館がはっきりした選書方針をもち、選書の仕組みをつくり、図書館員の資質を高めることの必要はいうまでもありませんが、たとえそうした条件が整ったなかでも、実際の選択は、館員ひとりひとりが、図書館にやってくるひとりひとりの子どもを思い浮かべながら、その子たちの喜びそうな本を親切心をもって選ぶ、そこからすべてがはじまるのです。

五章　子どもの読書を育てるために

子どもたちに、豊かで、質のよい読書を保障するには、社会が共同して、そのための仕組みをつくり、支えていくことが必要です。

子どもの読書に責任を負う図書館／日本の公共図書館／「中小レポート」と「市民の図書館」／日本における図書館の児童サービスの歴史／佐野友三郎／アメリカの図書館における児童サービスの発達／女性図書館員の活躍／児童図書館と児童書出版／日本の学校図書館／学校図書館法／専任の図書館員がサービスの決め手／日本の子ども文庫／子ども文庫調査／子ども文庫の多様性と独創性／いちばん肝要なのは、子どもと本を結ぶ人／専門職としての児童図書館員／図書館員の教育と養成／人の問題の解決なくして将来は開けないさきに、子どもが最初に本に出会うのは家庭であってほしい、と申しました。しかし、子どもの成長につれて、子どもの世界が、家庭から家庭の外へと広がるように、子どもの読書も家庭のなかだけにとどまってはいられなくなります。もし、子どもがどんどん本を読みたがるようになったら、望むだけの本をすべて家庭で揃えてやることは無理でしょうし、どの親も、子どもの読書興味の広がりについていけるだけの、子どもの本の知識を備えているわけではありません。そこで、子ども時代を通して、子どもたちに、豊かで、質のよい読書を保障するには、社会が共同して、そのための仕組みを創り、支えていくことが必要になってきます。

子どもの読書に責任を負う公的な施設・機関、それが図書館です。図書館のなかでも、とくに子どもへのサービスを担当するのは、児童図書館(公共図書館の児童室)と、学校図書館です。これらの図書館は、ほとんどが公立ですが、日本では、民間のボランティアによって運営されている数多くの子ども文庫があり、子どもの読書をすすめるうえで、大きな働きをしています。ここでは、これら図書館や文庫の現状や、問題を考えてみることにいたしましょう。

よい子どもの本をつくらないための三拍子

子どものための図書館サービスについて、広く一般の人たちの関心を呼び起こすきっかけをつくったのは一冊の岩波新書でした。一九六五年刊行の『子どもの図書館』です。これは、児童文学者石井桃子さんが自宅に開いた家庭文庫「かつら文庫」の最初の七年間の記録です。この本に刺激を受けて、全国に数多くの子ども文庫——私設子ども図書室が誕生しますが、そのような文庫を増やすことは、けっしてこの本が目指したことではありませんでした。

最終章で、石井さんは、個人が運営する子ども文庫は、たいへん力の弱いもので、「文庫の心棒になっている人間が病気になるとか、そのほかにも、ちょっとした身辺の変化があれば、挫折して」しまう。うまくいっても繁昌しすぎると、どうにも個人の手にはおえなくなる。「では、どうしたらいいかといえば、公共的な図書館——市や町や村で運営し、税金でまかなわれる図書館——の児童部を育ててゆくほかはないと思います」と、はっきり述べています。

公共児童図書館を充実させることは「焦眉の急」と感じている石井さんの目に、当時の日本の状況は、あまりにも貧しいものに映りました。第一に、数の絶対的不足。子どもの行動半径は限られているので、理想をいえば、歩いて行ける範囲に図書館があることが望ましいのですが、当時、全国の公立公共図書館の数は七百余り。そのうち子どものためのサービスをしていたのは約三分の一の二百数十館でしたから、とても話になりません。第二に、図書館の関係者も、一般の人々も、図書館の果たすべき役割、なかでも子どもにサービスすることの必要を認識していないという事実。実際、それから何年か経った後でも、県立図書館に児童室を設けるべきか否かということが論争になったことを憶えています。そして、第三に、職員の問題。司書という名称はありましたが、司書は専門職としては認められておらず、多くの図書館では、仕事をするために必要な知識をもたず、訓練も受けていない人が児童室に配属され、手探りで仕事をしなければなりませんでした。そして、やっと少し仕事がわかりかけてきたところで、他の部署に異動になるということがくりかえされていました。

そのような日本の図書館の状況を、石井さんは「いままでのところ、よい子どもの本をつくらないための三拍子がそろっていたようにさえ思えます」といい、それでも、絶望かといえば、「この現状をうち破りそうな、何かがおこりつつあることを、ひしひしと感じます」と、述べています。それは、小河内芳子さんに率いられて活動をはじめていた児童図書館研究会*の若いメンバーや、アメリカで図書館の勉強をしてきた人たち——わたしも、そのうちのひとりになりますが——の動きに希望を託しておられたからだと思います。

石井さんは、この本の最後を、国際児童図書評議会*の会長であったイエラ・レップマン*さんのことば——子どものための図書館活動、出版事業は、アメリカではすでに絶頂に達した。これからは、ヨーロッパ、そして日本を含むアジアの国々だ。困難はあるだろうが、これは時の勢いなのだから、だれも止めることはできない――を引いて、今こそ、子どもと読書に関心をもつすべての人が、手をとりあって歩き出す時が来たと、力強く締めくくっています。

それから半世紀が過ぎました。日本の子どもの読書環境は、あの力強い呼びかけに応えて、大きく改善されたでしょうか。今、『子どもの図書館』を手にとって読み返し、子どもの読書環境としての公共図書館、学校図書館におけるサービスの現状を見ると、複雑な思いにとらわれずにはいられません。

目ざましい変化

たしかに日本の公共図書館は、この半世紀の間に、めざましい変化を遂げました。公共図書館の数は三千を超えましたし、そのすべてで児童サービスが行われるようになりました。今では、子どもをサービスの対象に含めるかどうかなどという疑問を呈する図書館関係者は、ひとりもいないと思います。これは、大きな進歩です。建物もよくなりました。とくに、経済成長のめざましい時期に建てられた図書館は、贅沢といってよいほど立派なものが多く、書架、机、椅子、照明器具なども、いいデザインのものが選ばれるようになりました。

蔵書数も飛躍的に増加しています。それに何より、その蔵書の主要部分が開架式になり、貸出しが奨励されるようになりました。保存が主で、利用は二の次だった以前に比べると、たいへんな違いです(一昔前の図書館は閉架式で、大部分の本は書庫にしまわれており、利用者は、読みたい本を目録カードで調べて係員に請求し、長い時間待たされてから、やっと手にすることができたのです。しかも、本は、館内で閲覧することが原則で、家へ借りて帰るには、さらにめんどうな手続きが必要でした)。

この数十年の図書館の変わりようの激しさを理解していただくためのひとつの例として、わたし自身の体験をお話ししてみましょう。一章で述べたように、わたしはアメリカの図書館学校に留学し、専門図書館員として必要な修士の資格を得た後、次の一年を、メリーランド州ボルティモア市立イーノック・プラット公共図書館で児童図書館員として働きました。帰国後、幸いにも大阪市立中央図書館に就職することができ、同館の小中学生室で、一九六四年から六六年まで、二年余り勤務しました。

当時の日本の状況からいえば、大阪市立中央図書館は、公共図書館としてはもっとも進んだ児童サービスをしていたといっていいでしょう。小中学生室という児童専門の部屋があり、そこに専任の職員が四人も配置されていたのですから。それでも、図書館サービス発達の頂点に達したといってよいアメリカの図書館を経験した身には、驚くことが数多くありました。

まず驚いたのは、入館者を座席数で制限していたことです。小中学生室は、座席が七十なので、一時に七十人しか入れないのです。入れない子は入口に列をつくって待っています。冬のさなかでも、行列は見られました。ひとり出てくる子がいると、順番を待っている子どもたちの間から拍手が起こるという、なんとも胸の痛む光景が見られました。

それに、貸出しは、小学校三年生からとなっていました。貸出しを受けるには登録をする必要がありますが、その手続きというのが、たいへんでした。(1)来館して申込書をもって帰る、(2)申込書に、保護者と、担任の教師の印をもらって図書館に持って来る、(3)指定された日に貸出票(利用者カード)を受けとりに来る、と、都合三回図書館に足を運ばねばならない仕組みになっていました。どうして申込書を持ってきた日に貸出票が出せないかというと、貸出票の発行には、係員、主任、主査、課長と四人の決裁、つまり四つのハンコが必要だからでした！　やれ印は朱肉でないからだめ、名まえを鉛筆で書いてあるからだめ、と、突きかえされることもたびたびで、図書館へ足を運ぶこと三回ではすまないことも多かったのです。しかも、その貸出票の有効期間が六か月。借りられるのは一度に一冊、期限は一週間でした。

そこへもってきて、貸出しの手続きのめんどうなこと！　一冊の本を借りるのに、子どもは、入口でもらった閲覧票に、氏名、住所、学校名、学年、性別、年齢を書き込み、個人貸出票に、本の題、分類を記入し、請求票に、本の題、分類、借出人の氏名、学校名、学年、性別、貸出票番号を書きこんで、上記三枚に本をそえて、係員にさしださなければなりません。

それを受け取った係員の作業が、またたいへんでした。本のポケットからブックカードを抜きだすことからはじまって、そのカードと、子どもが出す閲覧票、個人貸出票、請求票に、それぞれ貸出日付印、返却日付印を三回ずつ捺し、そのうえ閲覧票に貸出印、請求票に扱者印を捺す。そのあと、中学生から預かったブックカードは分類別に、請求票は返却予定日順に箱に入れ、小学生は貸出票をこちらで預かって、ブックカードを挟んで貸出票番号順に別の箱に入れる。そのうえで、中学生には、個人貸出票をブックポケットに入れて本を渡し、小学生には本と閲覧票を渡す、ということになります。

返却の場合は、この逆です。子どもは、まあ本を返せばそれでいいようなものですが、係員としては、小、中学生別々に処理されているカードや請求票から該当するものを出してきて、それぞれに返却日印、扱者印を三回ずつ捺し、最後にブックカードをポケットに入れて、本を子どもに返す、という手順を踏まなければなりません(ここでは、本をもとの場所に戻すのを子どもにさせていました)。

子どものなかには、本を返すとき、次に借りる本を一緒にもって来て「これ返して、これ借りる」という子がいるのですが、勤めはじめのころ、そういう子がたてつづけに現れると、わたしがどんなにあわてたか、おわかりいただけるでしょう。順番を待ちながら、わたしのもたもたぶりを見ていた中学生に、「なんや、たよんないなァ。ぼくんときは、あんじょうたのんまっせ」と、いわれたことがありました！

一冊の本を借りるのに、小さな子が、たとえば端野博庸などという画数の多い名前を二度も三度も書かなければならないことや（そういう段になると、川口正なんて名をつけた親を尊敬したくなります！）、住所を書くのに、途中から隣のうちの兄チャンに、「ぼくとこ三丁目二十八か？」と、確かめに走ったりしているのを見て、こちらは、ただため息をつくばかりでした。

それに、当時は、利用者区分というのがあって、子どもは小中学生室以外の本は利用できず、おとなは、貸出票をもっていても、小中学生室の本を借りることはできませんでした。したがって、母親が、三年生以下の、自分では貸出票をつくれない子どものために、子どもの本を借りるということもできませんでした。

それに、おとなの登録は、子どもに輪をかけてめんどうでした。まず登録者本人だけでなく、保証人にも、同様の申込書に記入、捺印してもらわなければならず、身分を証明するために、住民登録票とか、米穀通帳の提示が必要でした。しかも、貸出票ができたという知らせは保証人に送られ、申込者はそのはがきをもって、貸出票を受け取りに来なければならないことになっていました。この手続きの説明を受けて、登録を諦める利用者も多いと聞きましたが、無理もありません。これでは、図書館は、そもそも本の利用をすすめようとしていたのかどうか疑ってしまいます。

プラット図書館では、申込みをすれば、すぐその場で仮カードを発行して、本が借りられるようになっていました。一回に借りられる本の冊数も、大人十冊、子ども五冊、期間は大人四週間、子ども二週間とゆるやかで、もちろん、利用者区分などというものはなく、親が子どもの本を借りていくことも、子どもが、児童室の本では調べられなかった情報を得るために、大人の部屋の蔵書から本を借り出すことも自由でした。

大阪中央図書館に勤めはじめて二か月ほどたったときでしょうか、貸出冊数が四十六を数えた日がありました。それがわたしの知る最高記録だったので、大喜

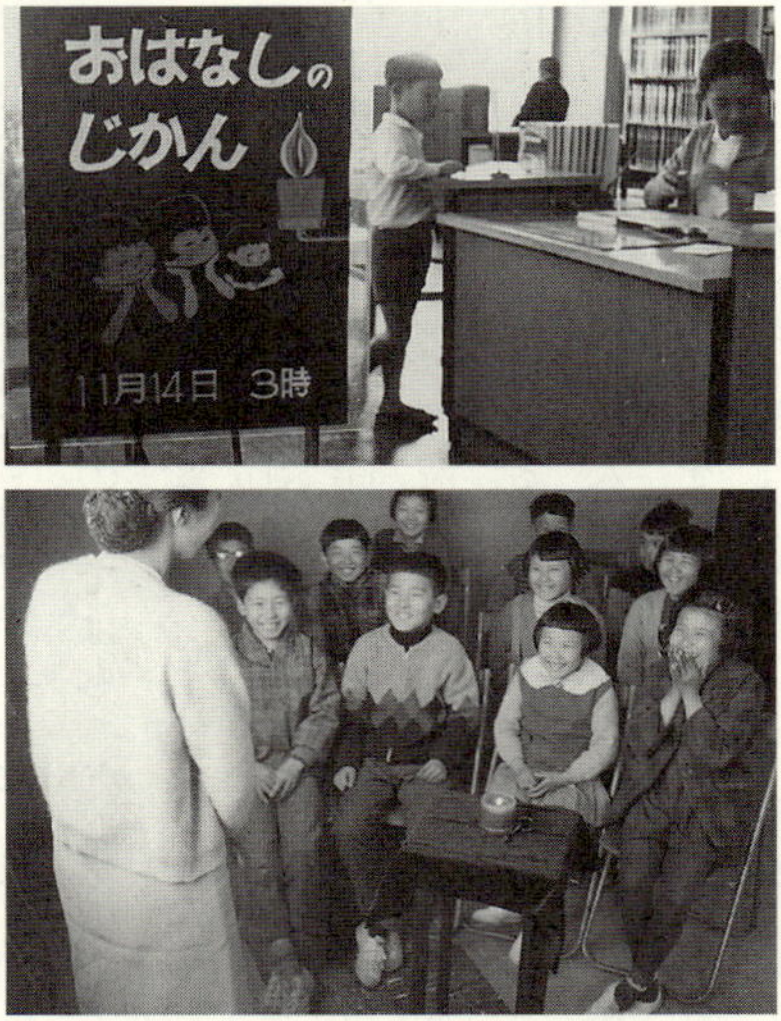

大阪市立中央図書館にて勤務中の著者
(1964年ころ)

びして日誌に書いたものです。ふだんは十冊前後だったのですから。わたしのいたプラット図書館の分館は、分館の中ではもっとも規模が小さく、児童室(独立した部屋ではなくコーナーでした)の蔵書も大阪の三分の一にも満たないほどでしたが、そこでも日によっては児童書だけで四百冊を超す貸出しがあったことを思うと、信じられない少なさでした。

実際、当時の図書館は、本を貸すところではなく、席を貸すところでした。一般の人のイメージのなかでも、図書館は、住宅事情が悪いために、家で勉強できない学生に、机と椅子を提供するのが主な役割と考えられていました。大阪市立中央図書館には、主として高校生のために、八百席を備えた大学習室がありました。来館者は、ここで、自分のもってきた参考書で勉強し、図書館の資料を使うことはめったにありませんでした。

このほかにも、当時の大阪では、人気のある本を複本で購入することが許されないとか、実際に利用者にサービスをする館員は、購入する本の選択に関わらないとか(資料課と奉仕課は別なのです!)、絵本は消耗品とされ、備品である本とは別の扱いになるとか、わたしから見てふしぎなことがたくさんありました。

今、若い人たちにこんな話をすると、「信じられない!」という顔をされ、わたしは、まるで自分が歴史上の別の時代に属している人間のような気がすることがあります。貸出しにいくつものハンコを捺しまくるやり方は、本についたバーコードを一瞬のうちに読み取って処理する現在の貸出風景を見慣れている人には、よその世界の出来事のように思えることでしょう。

それに、今では、どこの図書館でも、身分や住所を証明するものを提示しさえすれば、その場で貸出票(利用者カード)を発行してもらえるはずですし、貸出冊数や期限も、大幅にゆるやかになっています。もちろん、席の数しか入館できないというようなことはなくなりました。図書館が席を貸すところではなく、本を貸すところに変わってきたからです。

「中小レポート」と「市民の図書館」

この大きな変化をもたらしたのは、時代の流れでもありましたが、図書館界にも動きがありました。一九六三年に、日本図書館協会から刊行された『中小都市における公共図書館の運営』*、略して『中小レポート』が、なかでも画期的な影響を与えたと考えられています。これは、当時、日本図書館協会の事務局長をしていた有山崧《たかし》*氏を中心に、戦後の新しい時代にふさわしい、革新的な図書館をつくりだそうという意欲に燃えていた青年図書館員たちが、力を結集してまとめたもので、ここで打ち出されたのは、図書館は、人々の「知る権利」を保障する場だという理念と、資料の提供、つまり貸出しがサービスの核になるべきだという活動方針でした。これにより、暗い、静か(にしなければならない）、かび臭い、遠いところにあって特別の人だけが利用する場所、といった従来の図書館像が打ち破られ、身近にある、明るい、自由に資料が利用でき、簡単に貸出しが受けられる場所というイメージが、一般の人々にも共有されるようになってきたのです。

この時期は高度成長期にさしかかっていて、多くの自治体に財政的余裕があったことも幸いしました。図書館数がどんどん増え、蔵書も飛躍的に増大しました。大阪市に例をとれば、わたしが働いていたときには二館しかなかった分館が、開館から五十年目にあたる二〇一一年には、二十四に増えています。加えて、移動図書館車のサービスポイントとなるステーションが百六か所を数え、ほぼ市内全域をカバーしています。蔵書数も三百七十万冊を超え、貸出数も、年間の合計が千二百五十万冊を上回っています。日本図書館協会の統計によれば、二〇一〇年の全国の公共図書館数は三千二百七十四、貸し出された本の冊数は、三億を超えたということです。数字からだけでも、この数十年間の図書館の変わりようは明らかです。

子どもへのサービスについての関係者の理解も深まりました。それについては、『中小レポート』につづいて一九七〇年に公刊された『市民の図書館』*が力になったと考えられています。『中小レポート』の公刊後、その中心であった有山崧氏が東京都日野市の市長になり、同じくレポートの作成に関わった前川恒雄氏*を館長として、一九六五年に日野市立図書館が設立されました。日野図書館は、新しい時代の図書館のイメージを具体化した図書館として大きな注目を浴び、その後の公立公共図書館の発展の牽引車になりました。実際、ここでは、移動図書館、分館、本館のどこでも、貸出しを中心に、親子がともに参加する読書会など、市民の日常生活にとけこんだ児童サービスが行われました。

『市民の図書館』は、この日野図書館での実践をふまえて書かれたもので、資料提供とレファレンスサービスを基本の仕事ととらえ、個人貸出しの徹底、全域サービスと並んで、児童サービスを三つの重点目標のひとつとして掲げています。そこでは、子どものうちに図書館の利用を習慣づけることは、将来の図書館発展の鍵になること、図書館は、子どもに市民意識を育てる社会教育の重要な場であることが熱をもって説かれています。この書物は、全国の心ある図書館職員たちの仕事の指標となり、関係者たちを大いに勇気づけました。

石井桃子さんが望みを託した児童図書館研究会も、こうした動きを受けて活発に活動をすすめ、七〇年代から八〇年代にかけて、勢いづいた子ども文庫活動と合わせて、児童サービスは、図書館界のなかで、着実に地歩を固めていきました。こうして石井さんが「よい子どもの本をつくらないための三拍子」と嘆いた三つのうち、数の不足と、図書館関係者の児童サービスに対する理解の欠如は、この半世紀のあいだにずいぶん改善されました。しかし、いちばん肝心の職員の問題は、まったく手つかずのまま残されています。それについては、この章の終わりで改めて考えることにして、ここで、日本の図書館における児童サービスの歴史を、明治時代に遡ってざっと振り返ってみましょう。

児童サービスの歴史

日本の図書館で、最初に子どもをサービスの対象と見なしたのは、東京の大日本教育会附属書籍館《しょじゃくかん》だといわれています。一八八七(明治二十)年のことでした。ここでは、学校長の許可証を得た小学生が、学校長の指定した本に限り閲覧を許されたそうで、閲覧券は有料でした。

少し遅れて一九〇二(明治三十五)年には、私立大橋図書館が開設されています。これは、雑誌「日本之少年」や、巌谷《いわや》小波《さざなみ》の『こがね丸』などを出版した博文館の創業者大橋佐平氏が私財を投じて設立したものでした。大橋氏は、一八九三(明治二十六)年に欧米の出版事情を視察した際、各地で見た図書館と、それが果たしている社会的役割に強い印象を受け、設立を決意したといわれています。一般向けの図書館で利用は有料でしたが、十二歳以上の子どもも閲覧でき、学校長の推薦を受けた子どもには無料の閲覧券が発行されていました。活動写真、口演童話などの催しの開催、『少年図書目録』の刊行など、閲覧以外の活動が行われていました。

明治期には、このほかにも、今日の家庭文庫のさきがけとなる竹貫少年図書館*をはじめ、小規模な私設文庫が全国各地に生まれています。また、大阪府立、京都府立、東京市立(日比谷)などの公立図書館でも児童サービスがはじまっています。なかでも、もっとも注目すべきは、一九〇三(明治三十六)年に開設された山口県立図書館でしょう。当時の知事武田千代三郎に招聘されて館長に就任し、図書館設置の任に当たったのは、佐野友三郎*という人物でした。

佐野は語学に堪能で、欧米の図書館に関する本や雑誌を読みこなし、図書館運営について、明確な考えをもっていました。図書館を、「教訓と知識と娯楽を得るための、終生に渉《わた》る補習継続教育機関」ととらえ、教育の中心を読書においていました。そして、その読書の習慣をつけるには、小学生時代によい書物にふれることが大事だとの考えに立って、設立時から十二歳未満の子どもの利用を認め、子どもたちが自由に本を手に取って見られる開架式の書棚を備えた児童閲覧席を設けたのです。ここは、のちに増築にともなって独立した児童室になりました。

佐野友三郎(石井敦編『佐野友三郎』日本図書館協会, 1981年より)

最初からは実現しなかったものの、佐野は、児童室には専任の職員を置くべきこと、カウンターも別置して、子どもの相談や指導にあたること、お話会などの催しを行うことを思い描いていました。学校と連携して、子どもたちをクラス単位で図書館に招き、目録や参考書の使い方を教える、いわゆる図書館利用教育を行うことも児童室の仕事と考えていました。さらには、子どもたちに読書を通して自ら学ぶすべを身につけさせるには、それを指導できる教師がいなければならないと考え、師範学校に図書館科を加える構想も持っていました。

佐野の図書館に対する考え方や、児童図書館がなすべきこととして思い描いた活動は、今に通じる基本的、本来的なもので、百年の余を経た今日、いまだにそれが当然のこととして実行されていないのは残念というしかありません。

一九一五(大正四)年、佐野は内閣の命により三か月半にわたって米国に出張します。文献を通して英米の図書館事情に通じていましたが、実際にアメリカの図書館を見ることができたのは、このときが初めてでした。帰国後、その見聞を自らの図書館運営の体験とからみあわせて、『米国図書館事情』*にまとめ、五年後に発表しています。

この本は、当時のアメリカの図書館の状況全般にわたって、理念から実務にいたるまで、実に簡潔に、要点をおさえて紹介したもので、短い滞在期間にこれだけ的を射た報告ができるのは、佐野が、すでに図書館のありようについて、自分なりのしっかりした考えをもっていたからだと思われます。読書が生涯にわたる自己教育の基本であること、図書館がそれを支える中心的教育機関であること、その活動の成否が図書館員の質にかかっていることをくりかえし述べ、児童サービスの重要性、各種図書館間の連携の必要性を強調しています。このままで、今でも、公共図書館サービスの教科書にしてもいいと思う内容です。

佐野のようなリーダーを得ながら、彼の思い描いた児童サービスが、その後、山口から全国に普及しなかったのはなぜか。佐野のまわりに、彼と図書館や児童サービスについての考え方を共有し、協働する人材を確保できなかった、あるいは育てられなかったということでしょうか。時代が、まだそこまで子どもと読書について、成熟した意識をもち得ていなかったからでしょうか。佐野を顕彰する動きはありますが、この点についても、将来もっとつっこんだ研究がなされてほしいと思います。ともあれ、佐野の山口での試みは、日本の図書館の児童サービスの歴史のうえでは、ずばぬけたひとつのケースといえましょう。

山口県立図書館の開設から遅れること五年、一九〇八(明治四十一)年には、東京に市立日比谷図書館が開館し、ここでは開館当初から児童サービスが行われています。図書館設置に当たって、当時、市の教育課長であった戸野周二郎が、一八八九年にアメリカで刊行されたJ・C・デーナの"*A Library Primer*"をもとに『学校及教師と図書館』なる書物を著しており、こういう背景があって、新設の図書館に児童室の設置が可能になったのでは、と考えられます。

開館後の日比谷図書館児童室は、たいへんな盛況を見せ、その様子が報道されて、全国的にも注目を集めました。その結果、その後建設される図書館には児童室を設けるところが増え、児童図書館の必要性や、子どもの読書の重要性に対する認識が少しずつ高まっていったかに見えます。その点については、開館七年目に館長に就任した今澤慈《いまざわじ》海《かい》*の功績が大きいでしょう。

今澤は、一九一八(大正七)年、竹貫佳水との共著で『児童図書館の研究』*という本を出しています。これは、イギリスのW・C・セイヤーズの“*The Children's Library*”をもとに、日比谷での経験を重ね合わせたもので、長く児童サービスの指標となりました。

以上は、戦前の日本における図書館児童サービスの、ごくかいつまんだ歴史です。近代的図書館の理念や、児童サービスの必要性が、かなり早い時期から理解されており、実践されてもいたことがわかります。そして、これまでに見てきたように、日本の近代的図書館と、そこでの児童サービスの誕生に関わってきた人々は、ほぼ例外なく、英米、とりわけアメリカの図書館関係の文献を頼りに仕事をすすめていたことがわかります。

アメリカの場合

実際、そうでなければならなかった、というのは、そもそも公共図書館に対する考え方や、図書館での子どもへのサービスそれ自体が、アメリカで生まれたものだからです。フランスの文学史家ポール・アザール*は、世界の児童文学を縦横に論じた古典的名著『本・子ども・大人』*のなかで、児童文学に関する限り、スペイン、イタリアといった南のラテン系の諸国に比べて、英米、北欧、ロシアといった北の国々の方がはるかに優位に立つという興味深い論を展開していますが、そのなかで、かなりのページを割いて、アメリカの社会が、子どもと、子どもの本をいかに大事にしているかについて言及しています。わけても図書館については、「子どものための図書館、これこそアメリカの創案にかかるものであり、アメリカ国民の人情の深さを知らしめる発案なのである」と、ことばをきわめて称賛しています。

明るく、居心地よくしつらえられた児童室で、自由に本を手に取って読みふける子どもたち。アザールは、図書館を子どもたちが魂と精神を鍛えることのできる場所と見、こうして鍛えられた魂と精神こそが、成長して実社会に出たとき、アメリカ社会をむしばむ物質主義や画一主義などの流れに押し流されてしまわないための「ただひとつの武器」となると、述べています。

では、なぜアメリカで公共図書館が発達し、児童サービスが花開いたのでしょうか。ひとことでいえば、時代と社会がそれを必要としたからだといえましょう。『本・子ども・大人』が出版されたのは一九三二年ですが、十九世紀の終わりから二十世紀の初めにかけての半世紀余りは、アメリカの公共図書館がめざましい発展を遂げた時期で、なかでも児童サービスは、多数の傑出した女性児童図書館員の活躍により〝古典的成功〟と称されています。

この時期、急速な産業化にともなって、大量の労働力が求められ、海外から夥《おびただ》しい数の移民がやってきます。農村の人口も都市へと流入します。これら労働者の生活環境の劣悪さ、また多く見られた児童労働の実態などが大きな社会問題となり、改善のために、さまざまな試みがなされました。もともと自由な天地を求めて海をわたってきた清教徒たちは、上陸後、まず教会堂をつくり、学校を建てたといわれていますから、教育や福祉に力を注ぐのは、この国の建国以来の伝統だったのでしょう。

子どもたちのためには、学校があるとしても、工場で働く十代の若者にも、英語を母語としないおとなのためにも、教育は必要でした。また、民主主義の理想を掲げる限り、それを支える良識のある市民を育てる必要もありました。時代の精神も大きく作用しました。多くの人々が、アメリカン・ドリームといわれる成功への希望を抱いており、国が繁栄に向かっていることを信じていました。そうした明るい将来を見据えた人たちは、向上心にあふれ、勉学の機会を求めていました。また、実際、成功して巨大な富を手に入れた人たちのなかからは、フィランソロピー――今でいう社会貢献――の精神から、教育、福祉のために多額の寄付をする人たちも現れました。アメリカ全土、さらには海外にまで二千五百を超す図書館を寄付したアンドリュー・カーネギー*は、その代表といえます。

スコットランドからの移民の子であるカーネギーは、繊維工場の糸巻工として働いていた少年時代、書斎を公開して、近所の子どもたちに無料で貸し出していたジェームズ・アンダーソンという人のライブラリーに通っていました。毎土曜日、ここで本を読むのが唯一のたのしみだったといいます。そのことをのちのちまで感謝とともに忘れずにいたことが、図書館への関心のもとであったと思われます。

しかし、直接、カーネギーにインスピレーションを与えたのは、イーノック・プラットでした。ちなみに、わたしが図書館員としての最初の一歩を踏みだしたイーノック・プラット公共図書館は、金物商として成功をおさめたこのプラット氏の寄付によって創設された図書館なのです。カーネギーは、プラットが市に寄贈したこの図書館に非常に感銘を受けました。向上心をもち、自助努力をする人を助けることこそが真の「富の運用」だとの信念をもっていたカーネギーにとって、読書によって自助努力をする人の集まる場である図書館への寄付こそが、将来、社会に実りをもたらすことを期待できる、正しい富の運用だと思えたのです。

公立公共図書館は、こうした時代と社会の必要を満たすための教育機関として生まれました。

公立図書館の誕生に先立って、カーネギーが通ったアンダーソン・ライブラリーのような個人的な図書館、メンバーが会費を払って運営する会費制図書館、教会が設置した日曜学校図書館など、さまざまな形の〝私立〟図書館が存在したことは注目に値します。

民間人の自発的な意思によってなされたこれらの先駆的試みが、やがて、より多くの人々に、法律によって定められ、公費によってまかなわれ、だれもが平等に利用できる公立図書館設置の必要性と効用を認めさせる下地をつくっていったのです。このように、社会の必要と要求に基づいて誕生し、一般住民の理解と支持を得て発展してきたことがアメリカの公共図書館の強みです。それが、今日でも、社会の動きに合わせて生き生きと活動でき、利用者のボランティア組織である「友の会」などによってしっかりと支えられている事実につながっているのです。

ところで、アメリカの公共図書館でも、最初のうちは、子どもはサービスの対象ではありませんでした。騒々しいという理由で嫌われたのでしょう。いつだったか古い図書館の写真で、「犬と子どもおことわり」のサインが写っているのを見た記憶があります。変化が起きたのは、十九世紀も終わりに近くなってからのことでした。

一八七六年はアメリカの図書館史で特記すべき年とされていますが、それは、この年アメリカ図書館協会が結成されたことと、合衆国教育局から公共図書館についての報告書が出されたことによります。この報告書は、包括的な調査に基づく統計データだけでなく、当時の指導的図書館員による現状分析と将来への提言を含んでいる点で画期的なものでした。このなかに、ウイリアム・フレッチャー*による「公共図書館と青少年」という論文があり、青少年に適切な読み物を提供して彼らを教育し、文化の向上を図ることは教育機関たる公共図書館の責任であるとの彼の主張が表明されていました。フレッチャーは、当時見られた利用者の年齢制限を廃止し、幼い子どもにも利用の機会を与えるべきだと訴えたのです。

　こうした主張に力を得たのでしょう。ちょうど高等教育を受けた女性の社会進出がはじまった時期とも重なり、児童サービスの分野で、女性図書館員の大活躍が見られるようになります。それまで女性の職業といえば教師、看護婦などに限られていたなかで、図書館員は、知的な関心をもつ女性には魅力的な職業に映ったのでしょう。おかげで、図書館界は、すぐれた才能をもつ女性を数多く迎えることになります。彼女たちは、男性図書館員が敬遠した児童サービスの領域を独占し、思う存分もてる力を発揮することができたのです。

　コネティカット州ハートフォードで、児童サービスの先駆者として大きな業績を残したキャロライン・ヒューインズ*、彼女につづいてニューヨーク公共図書館で活躍したアン・キャロル・ムーア*のふたりは、なかでも特に有名です。ムーアは、ヒューインズの支援を受けて、アメリカ図書館協会のなかに児童部会を発足させるなど、図書館界のなかで指導的役割を演じたばかりでなく、館の外でも執筆、講演により、子どもの本と図書館サービスの重要性を訴えて、社会的に大きな影響を及ぼしました。

ムーアは、一九〇六年から三十五年にわたってニューヨーク公共図書館の児童奉仕部長の任にありましたが、その在職中に、多くの児童文学作家や絵本画家、児童書編集者らと親交をもち、児童出版の質の向上に貢献しました。また、後進の指導にあたり、すぐれた児童図書館員を数多く育てたことでも知られています。彼女の後を継いだフランシス・クラーク・セイヤーズ*や、カナダのトロント公共図書館で大きな業績を残したリリアン・スミス*は、その傑出した例です。スミスが著した『児童文学論』*は、児童文学と、図書館における児童書選択の要諦を説いた、児童図書館員の必読書となりました。

　児童サービスの黄金期ともいうべきこの時代の、数多くのすぐれた児童図書館員の活躍によって、二十世紀の前半には、全米の公共図書館における児童サービスは、ほぼ頂点に達していたといっていいでしょう。児童サービスの理念は共有され、具体的な業務――図書選択、ストーリーテリング（お話）とブックトーク（口頭による本の紹介）、ブックリスト作成、学校との連携、読書推進のためのさまざまな行事等々――も定着し、公共図書館のあるところでは、全国どこでも、子どもたちが均質な、しかも良質のサービスが得られる状態ができていたのではないでしょうか。わたしが、イーノック・プラット公共図書館で働いたのは一九六〇年代の初めですが、限られた見聞とはいえ、図書館大会に参加したり、各地の公共図書館を見学したりするたびに、その感を深くしました。

図書館と出版

ところで、図書館の児童サービスが普及したことがもたらした最もよい実りは、児童出版の質がよくなったことだといわれています。ヒューインズがハートフォードの青年図書館に就職したのは一八七五年のことでしたが、その当時少年少女たちが喜んで手にしていたのは当時の流行作家の安手な小説類でした。このため学校関係者から、図書館は低俗な読み物を提供して学業を妨げていると非難されたこともあったようです。ヒューインズは、子どもの読み物に対する一般の関心を高めるために、館報で本の紹介をするなど、図書館の本を質のよいものにするための努力をはじめました。のちには、『親と子のための本のガイド(*A Guide for Parents and Children*)』というブックリストを編纂し、これはアメリカ図書館協会が出版した最初の児童書目録となりました。

初期の児童図書館員たちは、北東部ニューイングランドの、経済的にも恵まれ、本を大切にする知的な家庭に育った人が多く、幼いときに古典に親しむ読書体験をもっている点でも共通していましたから、彼女たちがもっていた本の質に対する基準は、かなり高いものだったといえるでしょう。彼女たちは、その基準に照らして、図書館の本を選んでいきました。

一方、出版界も図書館と同じように、高学歴で、教養ある女性を惹きつけました。将来の児童書の需要を見越して、二十世紀の初頭には大手の出版社で新しく児童書部を設けるところが多く、児童書の編集者が求められていたのです。ムーアの例にも見られるように、この時期には、編集者、作家や画家など、子どもの本を創る側の人たちと、子どもに本を手渡す側の児童図書館員とが、子どもたちに質の良い本を届けるという共通の目的に向かって協力する態勢ができていました。実際、児童図書館員の経験を経て児童書編集者になる人、作家、画家になる人も少なくなく、編集者と児童図書館員の緊密な関係は今日にまで及んでいます。

石井桃子さんは、『子どもの図書館』のなかで、かつら文庫を開いた理由を、「私自身、「児童文学」といわれるものを書こうとしたり、訳したり、子どもの本の編集をしたりしながら、直接、それを読むじっさいの子どもとの交渉が少なかったため、仕事に支障をきたすことが多かった」からだと述べ、日本で年々出版される多くの本が、「はたして子どもの手にとどいているのかどうか……また、とどいているとしたら、そういう本を、いろいろな子どもが、どううけとっているか、こういうことが、日本の社会では、作者にも、出版社にも、また親たちにもはっきりはねかえってこない仕くみになっています」と、指摘しています。この子どもの反応を本の作り手に返すことこそ、児童図書館が果たすべき大切な役割のひとつなのです。

子どもといっしょに本を読む児童図書館員は、「いろいろな子どもが、それをどう受けとっているか」を知る立場にあります。それを、あるときは個人的に、また多くの場合は、新聞や専門雑誌に掲載する書評を通して、作者、出版社、親たちにはね返《フィードバック》します。図書館員による批評は、作家や文芸批評家による批評と違って、「子どもがそれをどう読むか」という、実際の子どもの反応に基づいている点に意味があります。それを作り手側に返すことによって、図書館は、出版社がより子どもの興味や必要に応じたよい本をつくるように助けるのです。

批評や助言といった役割だけではありません。図書館は、子どもに必要とされるよい本を、長く買い支えることによって、良質の出版を助けます。四章でふれたように、図書館では、蔵書の核になるような大事な本は、常時書架に置くように努め、古くなったり、傷んだりしたときには買い換えます。一定の評価を得た本が、毎年、全国の学校図書館、公共図書館で買い換えられることは、図書館が出版社に対して安定したマーケットになるということです。

実際、あるアメリカの代表的な児童書出版社で聞いたところでは、本を刊行した最初の年は、書店経由で売れる部数が全体の半分以上だが、年を経るごとに、図書館に売れる割合が増え、いい本との評価を得た場合、図書館への売り上げは七割から八割になるとのことでした。

図書館は、出版物に対する読者の評価を伝える批評的役割と、購買力としての役割と、その両方を果たすことで良質の出版を支えているのです。アメリカに学んで、形のうえでは同じような児童サービスを行ってきた日本ですが、出版社との緊密で良好な関係を築く点では、今一歩というところで、すぐれた本がすぐ絶版になってしまうことや、似たような企画によるシリーズものや、全集がくり返し刊行される悩みを抱えています。

学校図書館

さて、アメリカで発案された公共図書館における児童サービスが、どのように日本に紹介され、今日に至ったかの概略を述べてきましたが、子どものための読書施設としては、公共図書館と並んで、大きな役割をもつのが学校図書館です。わたしは、学校図書館についてはくわしくないので、誰もが知っている以上のことをお話しできないのですが、学校図書館について特記すべきは、終戦後、一九五三(昭和二十八)年に、早くも「学校図書館法」が成立しているという事実です。

これに先立って一九四七(昭和二十二)年に制定され、戦後の教育の根幹を定めた学校教育法にも、学校図書館は、教育目的を達成するために設置すべき必要な施設と記されています。これは、占領下の日本で、民主主義を根付かせるためには、従来の教科書一辺倒の教育ではなく、教師の創意工夫によって、多くの資料を用いて、自由な教育を行うべきだとの米国教育使節団の提言が活かされたものだと思います。

学校図書館は、教育現場では新しいものであったにもかかわらず、子どもが自ら学ぶことを支えるという考え方に共鳴した教師たちによって熱心にすすめられ、一九五〇(昭和二十五)年には、全国学校図書館協議会が結成されました。協議会は、全国どこの学校にも図書館を設置するためには、それを法律で定めることが必要だ、さらにそれを維持・運営する人と費用を確保するためには、公的財源からの支出が欠かせないと考えて、関係省庁に要望書を提出するなどの運動をくりひろげます。学校図書館法制定への動きはこうしてはじまったのですが、さまざまな事情がからみあってすんなりとは進まず、結果的には、当初の願いからは大きく後退した形での法案成立となりました。

いちばんの禍根は、「専門的な職務を掌《つかさど》らせるため」に置かなければならないとした司書教諭を、附則で「当分の間」置かなくてもよいとしたことです。その「当分」は、結局その後六十年つづきました! その結果、図書室はあっても、責任をもって運営する人がいないため、本来の機能を発揮できていない例が各地に見られます。書架に鍵がかかっている、古い全集やシリーズ本ばかりで魅力のある本がない、分類や配架がなおざりで本が探せない……わが子の通う学校の図書室をのぞいてみて、驚いたおかあさんたちから、今でも聞く感想です。

法律のうえでは、二〇〇三年になって、ようやく十二学級以上の学校には司書教諭を配置しなければならないと決められ、さらに、二〇一四年の学校図書館法一部改正では、司書教諭のほかに、「専ら学校図書館の職務に従事する職員」、すなわち「学校司書」を置くように努めなければならないとも定められました。とはいえ、司書教諭も、資格をもつ教員が在籍しているというだけで、その人が、専任で学校図書館の運営に当たっている例はほとんどなく、学校司書の身分や役割、権限、また、司書教諭との関係もはっきりしていません。

東京子ども図書館では、二〇〇六年度に、「学校図書館の現場から」と題した連続講座を開きましたが、そのとき集まった三十名ほどの受講者を見るだけでも、学校図書館の職員の実態に非常に大きなばらつきがあるのがわかりました。職名も、学校図書館指導員、学校図書館補助員、学校図書館支援員、読書指導員、読書サポーター、図書整備員……とさまざまなら、雇用形態も、正規、非正規の嘱託、パート、有償・無償ボランティアとまちまちで、要求される仕事の内容もいろいろです。

勤務時間は、週四日、十六時間以内というケースがもっとも多く、その枠のなかで、小学校と中学校をかけもちしている例もいくつか見られました。この人たちは、実質的には学校図書館法でいう「学校司書」の仕事をしているわけですが、個人的な興味と勉強を除いては、専門的な教育や、訓練を受けているわけではなく、それでいて、多くの場合、ひとりで運営を任されていました。司書教諭がいても、その人と連携、協力して仕事ができる状況にはないところがほとんどでした。

早くに学校図書館法が成立し、制度の面では整えられているはずの学校図書館が、全体として見れば、よく機能しているとはいえない。蔵書の数や質にも、サービスの内容にも、地域や学校によって非常に大きな差があり、一方に、居心地よく整えられた部屋と注意深く選ばれた蔵書をもち、利用する子どもひとりひとりに行き届いたサービスをしている図書館もあれば、反対に図書室とは名ばかりで、なんの活動もしていないところもある。そして、数からいえば、後者のほうが多い。その違いを生んでいるのが、専任の図書館員がいるかいないか、さらにいえば、その人が継続して仕事ができるかどうかなのです(概して、私立学校のほうが、公立より学校図書館が充実しているのは、この点に理由があります)。

同じ子どもをサービスの対象にしていても、学校図書館と公共図書館は、基本的には主な機能を〝すみわけて〟きました。前者は、学校における学習活動をサポートすることが第一の目的で、収集するのも学習参考資料が中心。また、それらの資料を使って必要な情報を検索する方法をはじめとする「図書館利用教育」を行うものとされています。これに対し、後者は、子どもがたのしみのために自由に行う読書を支えるのが本来の目的とされ、蔵書には、そのための読み物の充実が求められています。前者は、在学する子ども全員をサービスの対象として、集団教育を行い、後者は、自発的に図書館へやってくる子どもを対象に、ひとりひとりに個別のサービスを行うことを重視しています。そして、もちろん、学校図書館は、子どもが在籍している期間だけ利用するもので、公共図書館は、一生を通じて利用するものなのです。

しかし、近年の急激な少子化によって、公共図書館や、子ども文庫に来る子どもの数はどんどん減っています。また、その中心が、学齢前の子どもに移ってきています。小学生、中学生は、〝忙しくて〟来られないのが現状です。このような状況のなかでは、学校図書館と公共図書館の役割分担を云々しているわけにはいきません。子どもに本をすすめるうえでは、子どもの来ない公共図書館より、必ず子どもがいる学校図書館のほうが、より大きな役割と責任を担うようにならざるを得ないでしょう。学校、公共両図書館の連携・協力は、これまでも常に強調されてきましたし、実際によい協力関係を保っている例も各地で見られますが、これからはいっそう緊密な協働が求められるようになるでしょう。

家庭と地域の文庫

ところで、日本には、公共図書館と学校図書館のほかにも、子どもに読書の場を提供している子ども文庫があります(一章でふれたわたしの「松の実文庫」もその一例です)。これは、民間のボランティアによる日本独自のユニークな活動で、世界からも注目されており、「BUNKO」ということばは、そのまま国際的に通用するものになっています。戦後すぐ、子どもの読書環境がまだ整っていなかった時代から、草の根の活動として今日まで続いている子ども文庫は、日本では、公立公共図書館に匹敵する重要性と影響力をもっていると考えられます。

明治時代の竹貫少年図書館の例に見られるように、子どものための小規模私設図書室は戦前から存在していたのですが、子ども文庫として全国的に広がりを見せ、社会的に大きな注目を集めるようになったのは、戦後、それも一九六〇年代の終わりから七〇年代にかけて、ちょうど高度経済成長の時期あたりです。

最初に登場したのは、一九五〇年代、石井桃子さんの「かつら文庫」、村岡花子*さんの「道雄文庫ライブラリー」など、個人の家と蔵書を近所の子どもたちに開放した文字通りの「家庭」文庫でした。石井さんと村岡さんは、同じように家庭文庫を開いていた土屋滋子さんらとともに、一九五七(昭和三十二)年に「家庭文庫研究会*」を結成し、アジア財団の援助を受けて、地方の文庫に本を送るなどの活動をつづけました。その会報を見ると、すでにこの時期、同様の試みをしていた人たちが、全国各地にいたことがわかります。

当時、子どもに本を読ませたい、でも、地域に図書館がない、よい本が手に入らない、という状況を嘆く親は大勢いました。文庫のアイデアは、その人たちに行動を起こすきっかけを与えたのでしょう。主として母親たちが何人かでグループをつくり、団地の集会所、公民館、お寺、教会など、公の場所を借りて、自分たちの手で文庫を運営する動きがあちこちで見られるようになりました。それらは、はじめ「家庭文庫」と区別して「地域文庫」と呼ばれていましたが、現在では両者をひっくるめて「子ども文庫」と呼んでいます。

必要に応じて自分たちでつくる、という考えに基づいて、文庫の数は次第に増えていきました。そして、その発展の過程で、障害のある子どもや、特別の要求をもつ子どもたちのためにも文庫がつくられていきました。視覚障害の子どものための「わんぱく文庫*」や、肢体不自由児のための「ふきのとう文庫*」など。ふきのとう文庫では、布の絵本の開発や普及というユニークな事業を行っています。

独自の活動に領域を広げている例としては、目の見えないお母さんが子どもに本を読んでやれるように、透明な点字シートを貼りこんだ絵本を製作して貸し出す活動をはじめた「てんやく絵本ふれあい文庫*」があります。この文庫は、ご自身全盲の岩田美津子*さんが、息子さんたちに絵本を読んでやりたいとの願いからはじめられた活動で、現在では、いくつかの出版社と協力して、目の見える人も、見えない人も同じようにたのしめる「点字つき絵本・さわる絵本」の出版と普及に挑戦しています。

そのほかにも、親の海外駐在にともなって海外生活を体験した子どもたちが、せっかく習得した外国語の力を維持できるよう、英語や、フランス語など外国語を用いる国際児童文庫*もつくられました。逆に、海外に在住する日本人の子どもたち向けに、日本語と日本の文化を忘れないための日本語文庫も生まれ、世界各地に広まっています。

戦前、私立の図書館は、認可制でした。一九三三(昭和八)年の図書館令によって、「私人ハ図書館ヲ設置スルコトヲ得」るけれども、「地方長官ノ認可ヲ受クベシ」と、定められていたからです。しかし、戦後には、申請や認可の必要はなくなりました。そのため、だれでも、いつでも、どこでも子ども文庫を開くことができたのです。ただ、そのため公的な記録や統計はなく、なかなか正確に実態を把握することができませんでした。

文庫調査の最初の試みは、一九八一(昭和五十六)年に、日本図書館協会と、当時、図書館情報大学の教授であった竹内悊《さとる》氏の肝いりで行われた「全国子ども文庫調査」です。調査は、児童図書館研究会や、文庫関係者からなる「実行委員会」の手で行われ、その時点で、存在を把握できていた四千五百余りの文庫にアンケートを送り、千八百七十八から回答を得ています。調査の全容は、一九八四年に、日本図書館協会から、『子どもの豊かさを求めて――全国子ども文庫調査報告書』*として刊行されました。

この調査の結果、文庫は全国に広まっており、文庫のない県は一つもないことが明らかになりました。その数は、一九七四(昭和四十九)年を境に急激に増加しており、推定では約五千、ほぼ全国の高等学校数に匹敵するものでした。これは、当時の公立公共図書館数の約三倍に当たります(当時、町村立図書館の図書館設置率は、十四パーセントという低さでした)。文庫に通っている子どもは、同じく推定で五十三万四千人。全国の小学生の五パーセントに相当する数でした。

集計を平均した数字から浮かび上がってくる標準的な文庫は、個人の家庭に置かれ、三百から千冊の蔵書をもち、週一回、半日開館。二十人から五十人の子どもが出入りし、世話をするのは三十代の主婦たち八人前後。活動の内容は、本の読み聞かせやお話のほかに、手作り遊び、季節ごとの行事など。特記すべきは、年間の経費です。他の設問に比べて回答率が低かったそうですが(文庫の経費としてきちんと計上していないため?)、五万円というのが一番多く、約四割になっています。なんとつつましい額でしょう! この数字は、文庫活動がどれだけ多くを無償のサービスに頼って成り立っているかを示しています(会費を徴収しているところはわずかで、取っているところも、月五十円から百円といったところです)。

同じ地域にいくつかの文庫があるところでは、連絡会が組織されていて、図書館設置や、専門の職員の配置、図書館協議会への文庫関係者の参加といった図書館行政への働きかけを行っています。文庫が図書館設置運動の中心になった例は、一九七〇年代から九〇年代にかけて各地で見られました。あまり目立たない形でも、文庫の存在は公立図書館にとって無視できないものとなっています――あるときは頼りになる支援者として、あるときは厳しい批判者として。

「全国子ども文庫調査」は、その後、一九八七年に、文庫連絡会の活動に焦点を当てた追加調査を行い、さらにその六年後の一九九三年に、再度全体調査を行っています。その結果は、それぞれ『子どもの豊かさを求めて』「2」と「3」として、日本図書館協会から刊行されています。

一九九三年の調査では、子どもの数の減少によって、文庫数が一九八〇年をピークに減少しはじめたことや、家庭文庫が減って地域文庫が増えたことなどがわかってきました。塾やおけいごとで、子どもの生活がいそがしくなり、利用者の数が減ってきている反面、長く活動をつづけている文庫が増えて文庫活動全体に落着きが見られ、世話人たちのあいだに、子どもの本や読書についての知識や経験が蓄えられてきている事実も明らかになりました。

その後、二〇〇一年から〇三年にかけて、伊藤忠記念財団*と東京子ども図書館の共働による調査・研究事業「子どもBUNKOプロジェクト」*が行われました。伊藤忠記念財団は、一九七五(昭和五十)年から、毎年、全国の子ども文庫に多額の助成を行い、文庫活動の功労者を表彰するなど、日本の文庫を底支えする大きな力となってきた財団です。その助成件数は、二〇一三年度末で、延べ千八百七十四件、助成総額九億六千万円にのぼっています。

「子どもBUNKOプロジェクト」では、それまで財団と関わりのあった九百三十二の文庫やグループを対象にしたアンケート調査を行い、その時点で三十年以上活動をつづけていた、全国九十か所の文庫への訪問調査を実施しました。その結果は、その後、プロジェクト専任研究員の高橋樹一郎氏によってさらに研究がつづけられ、刊行の準備が進められています。完成すれば、日本のユニークな子ども文庫活動について、明治時代にさかのぼる歴史から、現在にいたる実態まで、子ども文庫の全貌が明らかになることと大いに期待されます。

わたしは、このプロジェクトによって、〝行脚〟と称する文庫訪問の旅を重ね、さまざまな文庫をこの目で見ることができました。この旅を通して強く感じたのは、文庫が実に千差万別であることです。純粋に自発的《ボランタリー》な活動なので、当然といえば当然なのですが、その多様性と、それを生み出している創造性には驚かされました。

「家庭」文庫といっても、敷地のなかに独立した立派な建物をもっているのもあれば、高層マンションの高層階で開いているものもあり、かと思えば、玄関に本のはいったかごを二つ三つ置いただけのものもあります。ふつうは一部屋を文庫に充てていますが、茶の間にも、廊下にも、階段にも本を置き、文庫の日は、家中を開放しているところもあります。そこでは、子どもたちがかくれんぼをして、ご夫妻の寝室の洋服ダンスのなかにかくれたりもするのだとか。子どもにとっては、文庫は、本のたくさんある、おもしろい「おばさんち」なのでしょう。地域文庫にしても、公民館、団地の集会所、お寺、教会、医院の待合室、テニスコートのクラブハウス、スーパーマーケットの一隅、はては公立図書館のなかにまであるのです。

蔵書も、主に公立図書館からの団体貸出に頼っているところから、自前の蔵書をもっているところ、それも数百冊規模から万を超えるものまでさまざまです。階段に廊下、床、どこも本で埋まっているところもありました。開館は原則一週間に半日ですが、「おばさんがうちにいるときは、いつでも来ていいよ」というところもあります。

活動内容も、本の読み聞かせやお話はもちろんのこと、クリスマスには、おかあさんたちが総出で、手作りの紙芝居や人形劇を上演する、ときにはおとうさんも巻き込んでの理科実験や工作、お正月のかるた会に夏のキャンプ、遠足等々、さまざまな活動が行われていて、地域に溶け込んだミニ文化センターになっている文庫も少なくありませんでした。

何よりわたしのこころに深く刻み込まれたのは、どこへ行っても、子どもと本が好きで、そのためなら苦労を惜しまない人たちがいるという事実です。学校の下校時間を狙って、軽トラックに本を載せて、校門近くで〝待ち伏せ〟する人、大雪のときは、段ボール箱に本を入れて子どもたちのうちまで届ける人、子どもが読みたいといった本を探すために古本屋めぐりをする人、本代を得るために、バス停の清掃をする人……。こうした無私の働きには、ただただ頭が下がるばかりです。

減っているとはいうものの、文庫は、おそらく現在も全国に三千から四千存在すると思われます。最近では、三十周年、四十周年、あるいは五十周年を迎えるというお知らせを受けることもたびたびです。とはいえ、全体として見たとき、子ども文庫が一九七〇年代のような勢いをもっていないのは確かです。

世話人の高齢化に加え、女性の就労者が増えて、若い世話人を見つけることがむずかしく、世代交代がうまくいかないことなど、いくつかの困難に直面しているのは事実ですが、何よりいちばん痛いのは、来る子どもの数の激減です。多くの文庫がそのために閉じざるを得ませんでした。文庫の世話をするおとなにとって、子どもは、活動のエネルギー源です。子どもたちがもらすお話や本に対する率直な反応、意表を突くコメントなどから多くを学び、その学びのたのしみが、文庫活動をする醍醐味の大きな部分なのですから。

文庫の世話人のなかには、子どもが来なくなったら、子どものいるところへ出かけていきましょうと、ボランティアとして学校へ出かけている人もいます。自由な発想で、地域の求めに応じて、若いおかあさんたちの相談相手になり、文庫が子育て支援センターのような役割を果たしているケースもあります。来る子が少なくても、ひとりひとりを大事にして、いつも通りに文庫をつづけている人もいます。どの人も、子どもにとっては、親とも先生とも違う、信頼できるおとなとして存在しており、地域の力になっています。そして、子どもの本の知識を蓄えたこの人たちが、アメリカの児童図書館がそうであったように、児童書出版に対して、批評者と購買力の両方の役割を果たして、良質の出版を支えている事実も見逃せないでしょう。

比較的新しい動きとしては、長い実績をもつ文庫がＮＰＯ法人になって活動の領域を広げ、地域の子どもの読書文化の担い手として、大きな影響力をもつようになるケースです。「高知こどもの図書館*」や盛岡の「うれし野こども図書室*」がその例です。経済的な裏付けさえあれば、地域の図書館として立派に役割を果たせる文庫は、ほかにもいくつもあると思われます（わたしが活動の足場にしている公益財団法人東京子ども図書館も、戦後の子ども文庫活動の流れのなかから生まれ、その大きな力に押されて歩みつづけてきたのです）。

肝要なのは人

さて、ここまで、日本の社会が子どもたちのために用意している読書の場について、そのあらましを見てきました。アジアのほかの国々に比べると格段に恵まれているのは事実ですが、学校図書館、公立公共図書館の児童室は、全体として見た場合、わたしたちがこうあってほしいと望む状況にはまだまだ達していないといわざるを得ません。東京子ども図書館を見学に来られた方からよく耳にするのは、「うちの近所にもこんな図書館があったらいいのに」とか、「子どものとき、ここに通いたかった」とかいうことばです。なかには「子どもを連れて引っ越してきたい」とまでおっしゃる方もあります。そんなとき、わたしはいうのです、「ここが特別の場所であってはいけないのです。どこに住んでいても、子どもが歩いていけるところに、これと同じ図書館があるのがほんとうなんです」と。

実際、同じような場所はほかにもたくさんあります。学校図書館にも、公共図書館の児童室にも、文庫にも。子どもが安心して自由にふるまえる空間、ていねいに選ばれた、一定の基準を満たす蔵書、それに、子どもと本の仲立ちをするおとな、この三つの条件が揃っているところでは、子どもたちはどこでも、おもしろい本に出会い、たのしい時間をすごせるし、現にすごしています。そして、子どもがほんとうにくつろげる、快適な空間を用意するのはだれか、こころを砕いて本を選ぶのはだれか、と考えると、この条件のなかで、いちばん肝要なのは、子どもと本を結ぶ人だということがいえます。

子どもと本が好きで、両者を結ぶ仕事に情熱をもち、その仕事に必要な専門知識と技能をもち、あるいはそれを身につけるために努力を惜しまない人――それこそが児童図書館員なのです。そのような児童図書館員がいさえすれば、どこでも質のいい児童サービスができるはずなのです。ところが、残念ながら、この〝人〟の問題が、五十年前と比べて、少しもよくなっていません。石井桃子さんが「よい子どもの本をつくらないための三拍子」といった、その三拍子目が手つかずのまま残されているのです。

前にも述べたように、ほかの国と違って、図書館員(司書)が専門職として認められていないわが国では、毎年、新しい職員が、教育も訓練もなしに児童室に配属されます。わたしは、長年にわたって日本図書館協会の主催する「児童図書館員養成専門講座」や、東京子ども図書館の「子どもの図書館講座」で講師を務めてきましたが、毎回、胸を打たれるのは受講生たちの熱心さです。最近では、派遣会社に所属する職員が目立つようになりましたが、彼女たちは、身分も不安定、待遇もよくないなかで、学ぼうとする姿勢を失わず、多くの場合は休暇を使って、自費で講習に参加し、少しでもいい児童図書館員になろうと、実に真剣に努力しています。

ところが、その人たちが、何年もしないうちに、異動になるのです。せっかく身につけた知識も経験も、親しくなった子どもたちも捨てて、新しい職場へ移らなければなりません。健康保険課へ、選挙管理委員会へ、はては税務署へと。そして、図書館へは、図書館の仕事をまったく知らない職員がやってきて、また一からはじめるのです。管理職も同じです。ほぼ二年おきに、他の部署から館長がやってきます――社会福祉課から、水道局から、土木課から――「図書館については素人でございますので、なにぶんよろしく」との挨拶とともに。

東京子ども図書館では、一九七六年に、イギリスから児童図書館界の大先達であるアイリーン・コルウェルさんを招いて、児童図書館員のためのセミナーを開きました。日本では児童図書館員は専門職ではないので、意に反する異動がたびたび行われると知ったコルウェルさんはひどく驚き、深いためいきとともに「What a waste!（なんたる無駄！）」と、おっしゃいました。その声が今も耳に響きます。そのなんたる無駄が、半世紀たった今も、毎年くり返されているのです――それが、この国の子どもたちにとって、どんなに大きな損失であるかも顧みず。

司書を専門職にとは、もう何年も前から叫ばれているにもかかわらず、一向に改善されないのはなぜでしょう。それどころか、状況はますます悪くなっているようにさえ見えます。昨今、財政難を理由に、少なからぬ数の自治体が、図書館の運営責任の一部、または全部を放棄して、民間の団体や企業に「委託」する動きが出ているからです。サービスを本来の使命とする図書館と、営利を目的とする企業が、どこで折り合いをつけられるというのでしょう。委託によって夜間や休日の開館が実現した、職員の〝接客態度〟がよくなった、など、一部の利用者から歓迎されている面もありますが、果たしてそれでよいのでしょうか。

もともと人件費削減から出発した委託です。職員は短期契約、報酬も低く抑えられます。正規の職員と変わらない内容の仕事をしても、館の運営方針や、蔵書の構築に必要な、長期にわたる収書方針の作成に加わることはできません。しかも委託は、三年から五年で更新され、その都度入札が行われることになっています。そのような状況のなかで、職員たちが、意欲をもって図書館の仕事に打ち込むことができるでしょうか。

図書館の仕事は、図書館に今来ている利用者に本を手渡すことだけではありません。社会の文化・教育機能を担う公的機関として、古典的価値をもつ著作や、現代の生み出したもっともすぐれた著作を選んで保存し、次代に伝える仕事。それによって、良質の出版を促し、社会の知の水準を高く保つ働き。人々の情報へのアクセス権、さらには言論の自由を守る砦としての役割。読書に意欲をもつ人の要求に応えるだけでなく、より多くの人々のなかに学ぶ意欲を育て、読書が実りある体験になるように助ける活動等、すべて長期的見通しをもって実施しなければならないものばかりです。とくに、よい読者を育てる教育機能――それは、とりもなおさずよい市民を育てることですが――は、児童サービスにおいて、もっとも重視されるものなのです。

これら重要な機能を担う〝人〟の問題の解決なくして、日本の図書館の将来が開けるとは思えません。それにつけても思うのは、日本の図書館が社会におろしている根は、まだまだ浅いのだなあということです。アメリカの図書館が必要から生まれ、人々にその役割がしっかり認識されていることに比べると、一時期目覚ましい発展を遂げたかに見えた図書館が、財政の逼迫で真っ先に予算削減の対象になり、委託に追いやられるのは、まだまだ基盤が脆弱なのだと思います。それだけ一般の人々の図書館に対する理解が十分でないということです。

〝人〟の問題が解決しないのも、そこにいちばんの原因があると思います。たとえ司書を専門職にするという法律ができたとしても、それだけで事態がよくなるとは思えません。学校図書館法がよい例です。「当分の間」司書教諭を置かなくてもよいとされたからといって、その状態が半世紀以上もつづくのは、そもそも図書館を必要とする教育が行われていないからではないでしょうか。子どもたち自身の自発的な意欲に基づく自由な学習活動が教育の中心になっていれば、先生も生徒も、一日も学校図書館なしにはいられないでしょうから。

佐野友三郎が「子どもたちに読書を通して自ら学ぶすべを身につけさせるには、それを指導できる教師がいなければならない」と考え、師範学校に図書館学科を加えるべきだと主張したのは、百年も前でした。しかし、現在でも、教員免許取得の過程で、将来先生になる学生たちが、子どもの本や読書、学校・公共を合わせた図書館の意義や役割、資料を用いた教育方法などについて、きちんと学ぶ機会が用意されていないのが実情です。

公共図書館についても同じです。住民のほとんどが、図書館を単に無料で便利な貸本屋としか認識していなければ、公費で維持することを正当化することはむつかしいでしょう。図書館がなければ、本が好きにはならなかった。図書館の本で新しいたのしみを見つけた。必要なことが学べた。図書館の資料でヒントを得て、事業が成功した。図書館のおかげで本を読む習慣がつき、自分の生活が豊かになった等々、図書館の恩恵を身にしみて感じ、その必要と役割に理解をもつ人が地域のなかに一定数いてこそ、図書館は存在できるのだと思います。よいサービスをして、そのような支持者を着実に増やしていくことが、これからの図書館存続と発展の鍵になるでしょう。

図書館員の教育・養成

アメリカの図書館の成功の理由は、ひとつは社会の必要にしっかり根ざしていたということですが、もうひとつは、最初から人――職員の問題に手を打っていたことです。わたしの働いていたイーノック・プラット公共図書館のモットーは、「The Staff Makes the Library(図書館をつくるのは職員)」でした。プラット図書館では、この信念に基づいて、設立当初から、館内に養成コースを設けて職員の教育を行っていました。このコースは、アメリカ全土に大学院レベルの図書館学校ができ、アメリカ図書館協会から認定された学校で十分教育された卒業生を採用することができるようになるまでつづきました。

日本にも司書とか司書教諭の資格があるではないか、といわれるかもしれませんが、その取得に必要なのが、司書は二か月の講習で二十四単位、司書教諭は一か月で十単位という手軽さです。司書講習では、児童サービスは必修にこそなっていますが、授業は二日間、二単位です。これでいったい何ができるでしょう。何冊子どもの本が読めるでしょう。二年にわたって児童サービス関連の科目だけで少なくとも五科目以上履修し、ストーリーテリングやブックトークについては実地訓練を受け、児童室の管理・運営についても見学や討論をまじえて徹底して学ぶアメリカの図書館員教育と何という違いでしょう。法律で司書を専門職と定めるのなら、図書館員の教育、養成、訓練のシステムを同時につくりあげていかなくては、司書資格は名目上のものに終わってしまうでしょう。

くりかえしになりますが、この〝人〟の問題を抜きにしては、図書館も児童サービスも、前へ進むことはできないと思います。では、どうすればよいのでしょう？　法律を整備するにも、図書館員教育のシステムをつくるにも、時間がかかるでしょう。今すぐできる一つの突破口として、これまでに図書館員の努力で、利用者とよい関係を築き、よい活動をつづけて住民の支持を得ている図書館や、自治体が、独自に専門職制度を実施してはどうかと考えます。

図書館サービスと図書館行政に意欲をもつ人材を採用して、職員全員が、望ましい図書館のイメージを共有し、柔軟な発想で仕事をすれば、きっと生き生きした図書館ができるはずです。職員を養成するシステムも、自治体独自でつくってもよいではありませんか。実務と研修をバランスよく組み合わせ、ボランティアも巻き込んで、学習が即サービスに結びつくような内容の研修なら、仕事の質もよくなるし、職員の意欲も高まるでしょう。そんなふうに、ことをすすめられないものでしょうか。

もちろん、そこでは職員が望まない限り、他の部署に異動させられることはありません。積み重ねのないところに、よい仕事は生まれないからです。もし、そのようにしてよい成果が得られたら、ほかの自治体への刺激になり、徐々に道が開けるのではないだろうか……というのが、今、わたしの思い描くひとつのシナリオです。

無償で子どもと本のために働き、知識も経験も蓄えている文庫関係者や読書ボランティアが、全国に数万人いるわが国です。人的資源は十分あります。わたしのまわりだけでも、児童図書館員を目指す若い人は大勢います。意欲も、能力も適性もあるこういう人たちを、不安定な身分と、低い給与で、使い捨てにするような現在の状況は、なんとしても改めなければなりません。よい児童図書館員になろうと懸命に努力している彼女たちを見ると、腰を据えて仕事ができる環境を用意し、自由と権限を与えて、思う存分もてる力を発揮して仕事ができるようにしてやりたいと切に思います。学校図書館であれ、公共図書館の児童室であれ、〝人〟がひとりいるだけで、すべては驚くほど変わるのですから。

佐野友三郎の例にも見られるように、子どものためのよい仕事が点で終わり、線となって受け継がれ、面となって広がっていかないのは、これまでも日本の歴史でくり返されてきたことです。一九七〇年代にはじまる一時期、文庫活動を推し進め、図書館の児童サービスの発展に力を尽くしてきた人たちは、今、高齢期にさしかかっています。

「社会全体の見地からすれば、知識というのは、急速に価値が失われる品物である。一人死ぬたびに、彼の有機体に含まれている知識は、資本として社会から失われて行く」。だから、「どんな社会でも、その社会の社会的活動のある部分を子供の出生、養育、教育に費やして、老齢と死亡によって絶えず失われていく技能や知識を補わねばならない」とは、経済学者ケネス・ボールディング*のことばです。

知識だけではありません。長年子どもと本のために働いてきた人たちのなかには、子どもと本への愛情、本の質に対する判断力、仕事への誇りや忠誠心、そして豊かな経験が蓄えられています。これらは、無形ではあるけれども、わたしたちの社会がもっている価値ある資産――宝です。それを、何もしないまま失ってしまってよいのでしょうか。子どもと本をつなぐために働いた人たちを、奇特な人、善行の人として見送るだけでよいのでしょうか。そして、百年後、わたしたちが今、佐野の業績を見ているように、「一九七〇年代には、児童への図書館サービスが注目され、全国で文庫活動が盛んになった」と振り返るだけでいいのでしょうか――〝人〟の問題はそのままで、子どもの読書に関しては、相変わらず志のある個人の献身的(とい

う より犠牲的)な働きに頼るだけで。
この章の冒頭で、わたしは、「子どもたちに、豊かで、質のよい読書を保障するには、社会が共同して、そのための仕組みを創り、支えていくことが必要」だと申しました。すでに、わたしたちの社会は、子どもの本に関しては、志のある人という意味での人的資源、無形の精神的価値という意味での資産を豊かにもっています。それらを汲み上げて、組織化、制度化することができないはずはないと思います。「失われていく知識や技能を補う」のは、情報、知識、精神的価値の伝達・普及の中枢に位置する図書館の役目です。そして、次の世代が、ただ失われていく価値を補うだけでなく、それを上回る価値を生み出していけるように望むなら、子どもたちに働きかける児童図書館の役割は、なおいっそう重要だといえるでしょう。その大事な児童サービスを担う児童図書館員が、専門職として認められ、十分な教育と訓練を受け、安定した職場を得て、研修と経験を積み重ねつつ、希望をもって仕事ができる日が来ることを強く願っています。

あとがき

やっとあとがきを書くところまでこぎつけて、ほっとしています。長い道のりでした。新書を、とのお話をいただいたのは、実はもう三十年も前のことになりますが、そのときは、目の前にある仕事を追いかけるのに精いっぱいで、とてもその余裕がありませんでした。ようやくそのことを考えはじめたのは六年ほど前、当時新書の編集者でいらした坂巻克巳さんの強いおすすめによるものでした。

五つのテーマを決め、少人数の聞き手――子どもの読書に関心はあるけれども、子どもの本についてはくわしく知らないし、あまり深く考えたこともない人たち――を前に、肩ひじ張らずにお話をするというスタイルで書こうと決めたときには先が開けた気がしたのでしたが、そのあとが難物でした。書いては行きづまり、また少し書いては行きづまり、そのたびに何か月もの空白ができてしまうというありさまで、坂巻さんの忍耐強いお励ましがなかったら、途中で投げ出していたかもしれません。

難航したのは、ほかの仕事の合間を縫って書かなければならないという事情のためもあったのですが、やはりいちばんは岩波新書という重圧でした。わたしの本棚には、岩波新書ばかりで埋まっているところが二段ほどあります。その一冊一冊にこれまでどれほど刺激を受け、助けられてきたことでしょう。それを考えると、自分の書くものがその横に並ぶなどとはとても畏れ多いことに思えて仕方なかったのです。ちょっと行きづまると、その気持ちが頭をもたげてブレーキがかかり、乗り越えるのに、我と我が身をなだめすかし、叱咤激励しなければなりませんでした。

一方で、多くの人を子どもの図書館活動へと駆り立てた石井桃子さんの岩波新書『子どもの図書館』の〝その後〟を書かねばならぬという気持ちも強くありました。石井先生は、この本の最後を、子どもの図書館サービスの将来、とくに「市や町や村で運営し、税金でまかなわれる」公共図書館の充実・発展に大きな希望を託してしめくくっておられます。刊行が一九六五年ですから、今年でちょうど半世紀、その後の日本の子どもの読書を取り巻く環境——文庫や図書館がどうなったかを書いておかなければならないとの思いが常にありました。だれに促されたのでもなく、わたし自身との約束のようなものでしたが、五章を書くことで、ようやくそれが果たせたのではないかと、肩の荷をおろした思いです。ただ、石井先生の期待に応えられるような、明るい内容の報告でないことは残念でなりません。

書いているあいだ、書き終わったあと、そして、とくに引用した本のリストをつくっているときにつくづく感じたのは、わたしの仕事が、というよりわたしという人間のありようが、どれだけたくさんの本に負っているかということです。自分で感じたり、考えたりしていると思っていることのすべては、本のなかにその根があるのだとわかります。

わたしが児童図書館員としての第一歩を踏み出したアメリカのイーノック・プラット公共図書館の当時の館長キャスタニヤ氏は、のちに *Caught in the Act* という本を出しておられます。* *Caught in the Act* というのは、「現場をおさえた」とか「やっているところをつかまえた、目撃した」という意味のようですが、この本は、「幾人かの著名な男女の決定的な読書とそれが彼らの行動と態度に及ぼした影響」という長い副題が示す通り、歴史に名を残す著名な人物が、どのような本を読み、その読書体験がどんな結果をもたらしたかを追究しようとしたものです。取り上げられているのは、ダンテ、シェイクスピア、ルター、ナポレオン、ダーウィン、ナイチンゲールといった錚々たる顔ぶれですが、この本のなかで、キャスタニヤ氏が、読書の力を示すものとして挙げている二つのことばが印象に残ります。「読書の鎖(chain of reading)」と「時限爆弾(time bomb)」です。

キャスタニヤ氏が、「読書の鎖」と名づけたのは、ひとりの人がある本を読み、大きな影響を受けて、その結果何かを成し遂げる。それが記録に残り、それをまた別の人が読んで影響を受け、新たな行動へと駆り立てられる。そのつながりを指しています。そして、アメリカの公民権運動の指導者キング牧師が、インドのガンジーの著作を読むことによって自分の使命を果たす方法を見出したこと、そのガンジーは、ニューイングランドのヘンリー・ソローの『市民の反抗』に大きな示唆を受けたこと、さらにいえば、ソローは、ガンジーの愛読書でもあったヒンズー教の聖典『バガヴァッド・ギーター』に影響を受けていたことを指摘し、これこそ「長い読書の鎖」の典型的な例だ。ここに、「人を変え、歴史を変えることのできる活字の力を見ることができる」と、述べています。

わたしは、このたびの仕事をしているあいだ、自分にとって、読書は、鎖につながるというよりは、むしろ網の目にとらえられるといったほうが近いと感じていました。先人が残してくれたことばだけでなく、同時代を生きる人々のことばにも、多くを教えられ、縦だけでなく横のつながりも強く感じたからです。読書に価値を見出している人たちの細かいネットワークにからめとられている自分を発見したというべきでしょうか。その意味で、こんどの仕事は、本があること、本が読めることの幸せを改めて噛みしめる機会ともなりました。

キャスタニヤ氏は、また、同書のなかで、こんなこともいっておられます。

「最も決定的な読書は、子ども時代の終わりから、中年までの間に起こっている。その影響はたいへん劇的で、その残響はくりかえし聞こえてくる。読書体験は、神経回路に埋め込まれた時限爆弾として、また必要とあらば持ち出して火をつけることのできる弾薬として、読者のなかにとどまるのである」と。

時限爆弾とか、弾薬とかいうのは、いささか物騒な譬えのようですが、幼い日に読んだ「花仙人」の物語がこころにとどまって、五十年の余も経ってから、子どもたちにそれを語るようになったわたし自身も、そのひとつの小さな例といえるでしょう。

スマートフォンや、インターネットがすでに欠かせないものになっている世界に生まれてくるこれからの子どもたちは、本とどんなふうに接していくのでしょう。わからないことには不安がつきまといますが、今は、必要以上に心配するよりは、わたし自身を含めて、数えきれない子どもたちが、これまで本をたのしみ、本に喜びを見出し、実質的な益を得てきた事実を大切にして、本を読むことを子ども時代の幸せのひとつに加えてくださるよう、子どものまわりにいるおとなの人たちに訴えつづけていきたいと思います。

難航はしましたが、坂巻さんと、そのあとを引き継いで本書の担当をしてくださった上田麻里さんのおかげで、ようやくここまで来ることができました。坂巻さんは、お仕事を離れてからも、ずっと励ましつづけてくださいましたし、読み聞かせ適齢期のお子さんをおもちの上田さんは、最初の読者として、ご自身の体験に照らして、原稿を一々興味をもって読んでくださいました。ありがたいことでした。おふたりに加え、わたしが本書を書き上げられるよう、ここ数年、終始気遣ってくれた東京子ども図書館の職員に、こころからお礼を申し上げます。

松岡享子

二〇一五年一月

岩波新書新赤版一〇〇〇点に際して

ひとつの時代が終わったと言われて久しい。だが、その先にいかなる時代を展望するのか、私たちはその輪郭すら描きえていない。二〇世紀から持ち越した課題の多くは、未だ解決の緒を見つけることのできないままであり、二一世紀が新たに招きよせた問題も少なくない。グローバル資本主義の浸透、憎悪の連鎖、暴力の応酬——世界は混沌として深い不安の只中にある。

現代社会においては変化が常態となり、速さと新しさに絶対的な価値が与えられた。消費社会の深化と情報技術の革命は、種々の境界を無くし、人々の生活やコミュニケーションの様式を根底から変容させてきた。ライフスタイルは多様化し、一面では個人の生き方をそれぞれが選びとる時代が始まっている。同時に、新たな格差が生まれ、様々な次元での亀裂や分断が深まっている。社会や歴史に対する意識が揺らぎ、普遍的な理念に対する根本的な懐疑や、現実を変えることへの無力感がひそかに根を張りつつある。そして生きることに誰もが困難を覚える時代が到来している。

しかし、日常生活のそれぞれの場で、自由と民主主義を獲得し実践することを通じて、私たち自身がそうした閉塞を乗り超え、希望の時代の幕開けを告げてゆくことは不可能ではあるまい。そのために、いま求められていること——それは、個と個の間で開かれた対話を積み重ねながら、人間らしく生きることの条件について一人ひとりが粘り強く思考することではないか。その営みの糧となるものが、教養に外ならないと私たちは考える。歴史とは何か、よく生きるとはいかなることか、世界そして人間はどこへ向かうべきなのか——こうした根源的な問いとの格闘が、文化と知の厚みを作り出し、個人と社会を支える基盤としての教養となった。まさにそのような教養への道案内こそ、岩波新書が創刊以来、追求してきたことである。

岩波新書は、日中戦争下の一九三八年一一月に赤版として創刊された。創刊の辞は、道義の精神に則らない日本の行動を憂慮し、批判的精神と良心的行動の欠如を戒めつつ、現代人の現代的教養を刊行の目的とする、と謳っている。以後、青版、黄版、新赤版と装いを改めながら、合計二五〇〇点余りを世に問うてきた。そして、いままた新赤版が一〇〇〇点を迎えたのを機に、人間の理性と良心への信頼を再確認し、それに裏打ちされた文化を培っていく決意を込めて、新しい装丁のもとに再出発したいと思う。一冊一冊から吹き出す新風が一人でも多くの読者の許に届くこと、そして希望ある時代への想像力を豊かにかき立てることを切に願う。

（二〇〇六年四月）

松岡享子

公益財団法人東京子ども図書館名誉理事長．

1935年神戸市に生まれる．神戸女学院大学英文学科，慶應義塾大学図書館学科を卒業．ウエスタン・ミシガン大学大学院で児童図書館学専攻ののち，ボルティモア市の公共図書館に勤務．帰国後，大阪市立図書館勤務を経て，自宅で家庭文庫を開き，児童文学の翻訳，創作，研究を続ける．1974年，財団法人東京子ども図書館を設立．2015年まで同館理事長．2021年度文化功労者．2022年逝去．

著書は，絵本—『とこちゃんはどこ』『おふろだいすき』，童話『なぞなぞのすきな女の子』，翻訳—『しろいうさぎとくろいうさぎ』『がんばれヘンリーくん』『くまのパディントン』シリーズ，おとな向けに—『昔話絵本を考える』『サンタクロースの部屋』『こども・こころ・ことば』『えほんのせかい　こどものせかい』『ことばの贈りもの』『ランプシェード—「こどもとしょかん」連載エッセイ 1979〜2021』など多数．

子どもと本　　岩波新書（新赤版）1533

2015年2月20日　第1刷発行
2024年7月5日　第13刷発行

著　者　松岡享子《まつおかきょうこ》

発行者　坂本政謙

発行所　株式会社 岩波書店
〒101-8002 東京都千代田区一ツ橋 2-5-5
案内 03-5210-4000　営業部 03-5210-4111
https://www.iwanami.co.jp/

新書編集部 03-5210-4054
https://www.iwanami.co.jp/sin/

印刷製本・法令印刷　カバー・半七印刷

ISBN 978-4-00-431533-9　　Printed in Japan

文中で挙げた人名，書名，その他について

以下，本文で取り上げた人名，書名，その他（＊印のついたもの）について，簡単に補足説明をいたします．

1章

8**『子どもが孤独《ひとり》でいる時間《とき》』**（原題は *Children and Solitude*，こぐま社，1998）

12**『ギルガメシュ王ものがたり』**（ルドミラ・ゼーマン著，松野正子訳，岩波書店，1993）

13**アルス児童文庫**　正式には「アルス日本児童文庫」．1927年から3年かけて，アルス社から刊行された全76巻に及ぶシリーズ．恩地孝四郎の装幀になる立派な造りの本で，フィクションからノンフィクションまでカバーしており，当時広く普及していた．わたしが愛読したのは，このなかの**『グリム童話集』『支那童話集』『日本神話集』**など．

15**『花仙人』**（松岡享子文，蔡皋絵，福音館書店，1998）

23**ジャンヴァルジャンの物語**　フランスの文豪ヴィクトル・ユーゴーの名作『レ・ミゼラブル』のこと．子ども向きには，岩波少年文庫に，豊島与志雄訳『ジャン・ヴァルジャン物語』上・下（1953，1986改版）がある．

28**『チボー家の人々』**　フランスの作家ロジェ・マルタン・デュ・ガールが，第一次世界大戦の時期のフランスを舞台に，3人の若者の青春を描いた大河小説．わたしが読んだのは，山内義雄訳，白水社刊の11巻本．

28**「ヘンリーくん」シリーズ**　アメリカの児童文学作家ベバリー・クリアリーが，オレゴン州の小都市を舞台に，どこにでもいるような少年少女の日常を，簡潔な文体とユーモアをもっていきいきと描いた全14冊の連作．著者34歳から83歳まで書き続けられた．1950年発表の第一作『がんばれヘンリーく

ん』は，ヘンリー・ハギンズというごく平凡な小学校3年生の男の子が主人公．その後その女友だちビーザスの妹ラモーナが徐々に主役の座を占めるようになり，後半の7冊は，彼女が主役．人一倍想像力にあふれるラモーナの，葛藤の多い4歳から10歳までの成長のあとが辿られる．半世紀以上にわたって，アメリカの子どもたちに圧倒的な人気があり，日本語版（松岡享子訳，学研，1968〜2006）も多くの愛読者を得ている．

29 ドリトル先生　イギリスの作家，ヒュー・ロフティング（Hugh Lofting, 1886〜1947）の手になる，動物語のわかるお医者さんドリトル先生と，先生をとりまく動物たちの物語．**『ドリトル先生アフリカ行き』**，**『ドリトル先生航海記』**など，全部で12冊のシリーズ．いずれも井伏鱒二訳，岩波書店刊．

29『クマのプーさん』（石井桃子訳，岩波書店，1956）　イギリスの作家A・A・ミルン（Alan Alexander Milne, 1882〜1956）が幼い息子のために書いた，ぬいぐるみのクマを主人公にしたお話．続編に**『プー横丁にたった家』**がある．

33 渡辺茂男（わたなべ・しげお，1928〜2006）　慶應の図書館学科で，児童図書館サービスを教えてくださったわたしの恩師．図書館学科を出て，アメリカに留学し，ウエスターン・リザーブ大学大学院図書館学科卒．ニューヨーク公共図書館に児童図書館員として勤務．帰国後は，教壇に立つかたわら，**『エルマーのぼうけん』**や，**『どろんこハリー』**など，数多くの翻訳を手がけられ，また**『しょうぼうじどうしゃじぷた』**や**『寺町三丁目十一番地』**などの創作作品を残されている（いずれも福音館書店）．また，児童図書館研究会や，日本国際児童図書評議会の設立にも尽力された．著作と児童文学関連の研究書など，蔵書の一部が東京子ども図書館に遺贈され，「かつら文庫」で公開されている．

37〜38 マリアン・アンダーソン（Marian Anderson, 1897〜1993）100年に一度の歌声といわれ，一世を風靡したアメリカの黒人歌手．*My Lord, What a Morning* は，彼女の自伝．西崎一郎訳

『マリアン・アンダーソン』(時事通信社，1959)はその訳書と思われるが未確認．2013年に，光村教育図書から，この自伝をもとにした絵本**『マリアンは歌う』**(P・M・ライアン文，B・セルズニック絵，もりうちすみこ訳)が出ている．

40 エドウィン・キャスタニヤ(Edwin Castagna, 1909～1983)　カリフォルニア大学バークレイ校の図書館学科卒．1960年から77年までプラット図書館の館長．1964年から65年まで，アメリカ図書館協会会長．

43 松居直(まつい・ただし，1926～　　)　京都生まれ．同志社大学卒．福音館書店の編集長，社長，会長を経て相談役．月刊絵本「こどものとも」を創刊し，数多くの絵本作家を育て，海外の優れた絵本の翻訳出版に道をつけるなど，日本の子どもの本の世界を豊かにするために大きく貢献．『絵本とは何か』(日本エディタースクール出版部，1973)はじめ著書多数．2012年より自伝をはじめとするシリーズ「松居直の世界」(全3巻)がミネルヴァ書房から刊行された．

44 石井桃子(いしい・ももこ，1907～2008)　『クマのプーさん』や『たのしい川べ』(岩波書店)，『ちいさなうさこちゃん』や『ピーターラビットのおはなし』(福音館書店)の翻訳者として，『ノンちゃん雲に乗る』や『三月ひなのつき』(福音館書店)の作者として，さらには，岩波少年文庫，岩波の子どもの本を創刊した児童書編集者として，戦後の日本の児童文学にもっとも大きく貢献した児童文学者．自宅に開いた家庭文庫「かつら文庫」の最初の7年間の記録**『子どもの図書館』**(岩波新書，1965)で，児童図書館界にも大きな影響を与えた．東京子ども図書館設立発起人．同理事(1974～1997)，名誉理事．

なお**『子どもの図書館』**は，**『新版子どもの図書館』**として岩波現代文庫より，2015年3月復刊予定．

44 土屋滋子(つちや・しげこ，1907～1993)　1950年代に，東京都世田谷区上北沢と中央区入船町の2か所に家庭文庫「土屋児童文庫」を設立．石井桃子さんとともに，家庭文庫研究会のメ

ンバーとして活動．1996年に閉庫のあと，蔵書は，阪神・淡路大震災後，神戸の「もみの木文庫」に贈られた．

47 **財団法人東京子ども図書館**　巻末参照．

2章

53 **『宝島』**（スティーブンソン作，坂井晴彦訳，寺島竜一画，福音館書店，1976，または，海保眞夫訳，S・ファン・アベ絵，岩波少年文庫，2000）

57 **岡本夏木**（おかもと・なつき，1926〜2009）　京都大学文学部哲学科卒．京都学芸大学，京都教育大学教授．専門は発達心理学．著書**『子どもとことば』**（岩波新書，1982）と**『ことばと発達』**（同，1985）は，子どものことばに関する基本的参考書．

65 **『かばくんのふね』**（岸田衿子作，中谷千代子画，福音館書店，1964）　同じ作者と画家による**『かばくん』**（1962）の続編．

なお，文中に引用した「あまい　あまい　あめが　ふる」というフレーズは，1990年に同書が単行本として刊行された時点で，「こまかい　こまかい　あめが　ふる」と，改められている．

67 **「これはジャックのたてたいえ」**　イギリス，アメリカを中心に英語圏の子どもたちに親しまれている伝承的わらべうたマザーグースのなかのひとつ．これは，谷川俊太郎の訳．

77 **アイリーン・コルウェル**（Eileen Colwell, 1904〜2002）　イギリスの公共図書館に児童サービスを定着させたパイオニア．すぐれたお話の語り手としても知られている．石井桃子さんと親交があり，自伝 *How I Became a Librarian* は，石井桃子訳で**『子どもと本の世界に生きて』**として，現在はこぐま社から出ている．ストーリーテリングの入門書である**『子どもたちをお話の世界へ』**（松岡享子ほか訳，こぐま社，1996）も，児童図書館員には手放せない1冊．

81 **『クシュラの奇跡――140冊の絵本との日々』**（ドロシー・バトラー著，百々佑利子訳，のら書店，1984）　重い障害をいくつも

抱えて生まれた著者のお孫さんを，両親とともに，生後まもなくから絵本を軸にすえて育てた記録．著者がニュージーランドのオークランド大学教育学部に提出した「クシュラ，ある障害児のケース・スタディ――生後3年間の日々を豊かにしたもの」と題する学位論文がもと．複雑な障害をもつ幼児が家族の愛情に支えられて，絵本をかけがえのない友としながら成長する過程を辿った本で，子どもの成長についても，そのなかで本の果たす役割についても，非常に多くを教えてくれる．

81 **ドロシー・バトラー**(Dorothy Butler, 1925〜　　) ニュージーランド生まれ．8人の子どもを育てたあと，子どものための書店を開き，未就学児や，障害児の読書の相談，指導に当たっている．子どもの読書に関する著書多数．*Babies Need Books* (Bodley Head, 1980)もその1冊．

81 ***Babies Need Books*** 邦訳は，**『赤ちゃんの本棚――0歳から6歳まで』**(百々佑利子訳，のら書店，2002)．そのあとの年齢の子どもの読書については，同じ訳者による**『5歳から8歳まで――子どもたちと本の世界』**(のら書店，1988)がある．

84 **アン・ペロウスキー**(Anne Pellowski, 1933〜　　) コロンビア大学大学院で図書館学を学び，長くニューヨークにあるユニセフの児童文化情報センター長を務めた．語学に堪能で，世界各地，とくに，アフリカ，南米各地で児童図書館やストーリーテリングの普及に尽力．世界各地の語りの歴史や実状を論じた *The World of Storytelling* (R. R. Bowker, 1977)という大著がある．

86 **ブックリスト** 個人が編纂したもの，図書館協会や，学校図書館協議会などの団体や，児童文学の研究機関等が出しているもの，年齢やジャンル別，有料，無料と，さまざまな種類がある．まずは近くの図書館でたずねてみることをお勧めする．東京子ども図書館発行のブックリストについては，巻末参照．

89 **『ぐりとぐら』**(なかがわりえこ文，おおむらゆりこ絵，福音館書店，1963) **『ぐりとぐらのおきゃくさま』**などの続編も．

94 **『三びきのやぎのがらがらどん』**(ノルウェーの昔話，マーシ

ャ・ブラウン絵，せたていじ訳，福音館書店，1965）

94**『おさるとぼうしうり』**（エズフィール・スロボドキーナ作・絵，まつおかきょうこ訳，福音館書店，1970）

94**「ジャックと豆のつる」** 有名なイギリスの昔話．「ジャックとマメの木」という題で**『イギリスとアイルランドの昔話』**（ジェイコブズ再話，石井桃子訳，福音館書店，1981）に収載．

3章

99**「七羽のからす」** グリムの昔話．グリムの昔話は，異なる訳者，出版社による数多くの版があるが，ここでは便宜上，こぐま社刊の**「子どもに語るグリムの昔話」**シリーズ全6巻（佐々梨代子・野村泫訳，1990〜93）をもとにして，以下グリムの昔話については，その何巻目にのっているかを表示する．「七羽のからす」は3巻．**『おはなしのろうそく 10』**（東京子ども図書館）にも収載．

102**「小石投げの名人タオ・カム」** ラオスの昔話．**『子どもに語るアジアの昔話 2』**（松岡享子訳，こぐま社，1997）に収載．

105 **野村泫**（のむら・ひろし，1925〜　　）　京都大学文学部独文科卒．東京外国語大学名誉教授．訳書にリュティの著作**『昔話の本質――むかしむかしあるところに』**（1974），**『昔話の解釈――今でもやっぱり生きている』**（1982，いずれも福音館書店）がある．

ご自身の論文を集めた**『昔話と文学』**（白水社，1988），**『昔話は残酷か――グリム昔話をめぐって』**（東京子ども図書館，1997）は，子どもの文学としての昔話に言及．大きなお仕事としては，**『決定版　完訳グリム童話集』**全7巻（筑摩書房，1999〜2000），ちくま文庫版**『完訳　グリム童話集』**がある．

105 **マックス・リュティ**（Max Lüthi, 1909〜1991）　スイス・ベルンに生まれ，ベルン大学でドイツ文学，イギリス文学，歴史学を学び，長くチューリッヒ大学教授を務める．著作の多くは，野村泫氏や，小澤俊夫氏によって日本語に翻訳されている．

105 ウラジーミル・プロップ(Владимир Яковлевич Пропп, 1895〜1970)　ペテルブルグ大学でスラヴ・ロシア歴史文献学を専攻．33歳の若さで大著『昔話の形態学』を発表．レニングラード大学教授．口承文芸の類型学研究に構造分析の方法を取り入れたことで，構造主義運動に影響を与えたといわれている．訳書に**『昔話の形態学』**(北岡誠司・福田美智代訳，白馬書房，1983)と，**『魔法昔話の起源』**(斎藤君子訳，せりか書房，1983)がある．いずれも400ページ近い大部なもので，非常に難解．

106『ヨーロッパの昔話——その形式と本質』(マックス・リュティ著，小澤俊夫訳，岩崎美術社，1969)　わたしたちがくりかえし読み，多くを教えられた本．訳者の小澤俊夫氏は，口承文芸学がご専門で，リュティのもう1冊の著書**『昔話——その美学と人間像』**(岩波書店，1985)の訳者．また，ご自身でも**『昔話の語法』**(福音館書店，1999)を著され，1998年には「小澤昔ばなし研究所」を設立，92年からは全国各地で「昔ばなし大学」を開催，昔話の研究と語りの普及に活躍されている．

106 シャーロッテ・ビューラー(Charlotte Bühler, 1893〜1974)　ベルリン生まれの発達心理学者．ナチのユダヤ人迫害をのがれて，アメリカへ亡命．ロスアンジェルスの病院で精神科医として働くかたわら，南カリフォルニア大学で教鞭をとる．

106『昔話と子どもの空想』　原著 *Das Märchen und die Phantasie des Kindes* は，Josephine Bilz との共著で，1918年にライプツィッヒで刊行．わたしがもっているのは，71年にミュンヘンの Johann Ambrosius Barth から出た版．邦訳はないが，東京子ども図書館の機関誌「こどもとしょかん」82号(1999年夏号)に，森本真実訳による要約がある．

106 河合隼雄(かわい・はやお，1928〜2007)　兵庫県生まれ．京都大学名誉教授．日本人として初めてユング派の精神分析家の資格を得た臨床心理医．心理学の観点から昔話の比較研究をすすめ，日本の昔話のなかに日本人の心の根源を探ることをテーマに**『昔話と日本人の心』**(岩波現代文庫，2002)などを著す．

106『昔話の深層』（河合隼雄著，福音館書店，1977）

106 ブルーノ・ベッテルハイム（Bruno Bettelheim, 1903〜1990）
ユダヤ系オーストリア人．ダッハウ，ブーヘンヴァルト強制収容所に収容されていた経験をもつ．アメリカに亡命し，シカゴ大学で教育心理学を教え，同時にシカゴ大学付属の重度の情緒障害児の養護学校長も務めた．1977年，当時京都大学の客員教授として来日されていた博士をお招きして，東京子ども図書館主催で，「子どもにとって昔話はなぜたいせつか」という題で講演をしていただいた．文中の話は，このときのもの．

107『昔話の魔力』（ブルーノ・ベッテルハイム著，波多野完治・乾侑美子共訳，評論社，1978）

108「おどっておどってぼろぼろになったくつ」『子どもに語るグリムの昔話 2』

113「いばらひめ」『子どもに語るグリムの童話 6』 同じ話は，『ねむりひめ』という絵本にもなっている．（フェリクス・ホフマン絵，瀬田貞二訳，福音館書店，1963）

114「かしこいモリー」 イギリスの昔話．ジェイコブズ再話，松岡享子訳**『おはなしのろうそく 1』**（東京子ども図書館）

121「三匹の子ブタ」 イギリスの昔話．**『イギリスとアイルランドの昔話』**（前出）

121「三枚のお札」 日本の昔話．**『おはなしのろうそく 5』**

121「三枚の鳥の羽」 グリムの昔話．**『子どもに語るグリムの昔話 5』『おはなしのろうそく 11』**

121「ホレおばさん」 グリムの昔話．**『子どもに語るグリムの昔話 1』『おはなしのろうそく 15』**

121「姉いもと」 イギリスの昔話．**『イギリスとアイルランドの昔話』**（前出）

121『てぶくろ』 ウクライナの昔話．（エフゲーニ・ラチョフ絵，うちだりさこ訳，福音館書店，1965）

122「おばあさんとブタ」 イギリスの昔話．**『おはなしのろうそく 7』**

122 きりなしばなし　これは，**『日本昔話百選』**(稲田浩二・稲田和子編，三省堂)に収録されている岩手県上閉伊郡のもの．
131 大工と鬼六　**『だいくとおにろく』**(松居直再話，赤羽末吉画，福音館書店，1962)
136「ヘンゼルとグレーテル」『子どもに語るグリムの昔話3』
139「金の鳥」『子どもに語るグリムの昔話1』
144「金の不死鳥」　カナダの昔話．**『トンボソのおひめさま』**(M・バーボー，M・ホーンヤンスキー文，石井桃子訳，岩波書店)収載．
148 アファナーシェフ(Александр Николаевич Афанасьев, 1826〜1871)　ドイツのグリム兄弟のように，ロシアの昔話を600話集め，記録した人．**『昔話を語ろうか――ロシアのグリム，アファナーシェフの物語』**(ウラジーミル・イリイチ・ポルドミンスキイ著，尾家順子訳，群像社，2009)という興味深い伝記が出ている．

4章

153 ドロシー・ホワイト(Dorothy Mary Neal White, 1915〜1995)　ニュージーランド・クライストチャーチ生まれの児童図書館員．アメリカのカーネギー図書館学校で教育を受け，ニュージーランドの図書館界で，児童サービスの普及と質の向上，図書館員の養成などに指導的役割を果たした人物．
154『五歳までの本』(*Books before Five*)は，1954年にニュージーランド教育研究協議会から出版され，84年に，Heinemann Educational Booksから復刊された．題の通り，娘キャロルの5歳までの読書日記で，幼い子どもの本との関わりを，母親として，また，図書館員という職業上の立場から克明に観察した記録として高く評価されている．邦訳はない．
166 ヘレン・ヘインズ『本とともに生きる』(Helen E. Haines, *Living with Books: The Art of Book Selection*, New York Columbia Uni-

versity Press, 1935, 2nd edition: 1950)　Helen Haines(1872〜1961)は，彼女自身図書館で働いたことはなかったが，アメリカ図書館協会の機関誌の編集に携わるなど，図書館や出版の発展に大きな寄与をした女性として知られている．『本とともに生きる』は，図書館における選書について，基本的な考え方から，書評，解題の書き方，ジャンル別の選書基準にわたるまで詳細に論じた大部な本で，アメリカの図書館学校で広く教科書として使われてきた．

177 ホーンブック　The Horn Book Magazine は，1924年にバーサ・マホニー・ミラー(Bertha Mahony Miller, 1882〜1969)によって，ボストンで創刊された子どもの本と読書を専門にした雑誌．今日も刊行されており，アメリカの子どもの本のもっとも古い，信頼できる書評誌との評価を保っている．

ミラー夫人は，太平洋戦争以前から石井桃子さんと文通によって知り合っていた方で，石井さんの**『児童文学の旅』**(岩波書店，1981)には，夫人との交友の様子が記されている．ミラー夫人については，「こどもとしょかん」129号(2011年春号)に護得久えみ子による小伝「子どもの本に生きる——バーサ・M・ミラーの活力に満ちた生涯」があり，ホーンブック創刊の前後の経緯を知ることができる．

182「おさるのじょーじ」　アメリカの絵本作家H・A・レイが，アフリカからやってきた知りたがり屋のおさるを主人公に描いた一連の絵本．最初の1冊 *Curious George*(1941)は，邦題が**『ひとまねこざるときいろいぼうし』**(光吉夏弥訳，岩波書店，1983)．以下**『ひとまねこざる』『じてんしゃにのるひとまねこざる』『ろけっとこざる』**など続編がある．子どもたちに圧倒的に人気のある絵本．

182『いたずらきかんしゃちゅうちゅう』(バージニア・リー・バートン作・絵，むらおかはなこ訳，福音館書店，1961)

190 外山滋比古(とやま・しげひこ，1923〜　　)　英文学者，評論家．お茶の水女子大学名誉教授．

190 **『エディターシップ』**(外山滋比古著，みすず書房，1975)

191 **『教育入門』**(W・O・レスター・スミス著，周郷博訳，岩波新書，1958)

191 **J・F・ウォルフェンデン**　このことばは，上記『教育入門』のなかにあったもの．C・H・ドビンソン編『移りゆく世界の教育』(*Education in a Changing World.*, Oxford Univ. Press, 1951)からの引用とのこと．

5章

197 **児童図書館研究会**　児童図書館研究会は，1953年，小河内芳子，渡辺茂男など，児童に対する図書館サービスに関心をもつ7人によって結成された．以来，子どもの読書環境の充実・発展を目的に活動してきた民間団体．会員の中心は，公立公共図書館で働く児童奉仕担当者だが，文庫の関係者，学校図書館員，児童書の編集者など，広く子どものための図書館活動に関わる人々が結集する．2014年現在，会員数は766名．全国13か所に支部があり，支部もちまわりで機関誌「こどもの図書館」の編集にあたり，全国の会員に情報を提供している．(〒105-0004　東京都港区新橋5-9-4　関ビル3F　電話・ファックス：03-3431-3478)．

197 **国際児童図書評議会**(International Board on Books for Young People，略称IBBY)　1953年に，ユダヤ系ドイツ人ジャーナリスト，イエラ・レップマンによって，「子どもの本を通しての国際理解」を目的に，スイスで設立された国際組織．現在は，スイスのバーゼルに本部を置いて，世界77の国と地域が加盟して，国際アンデルセン賞の授与など，幅広い活動を展開．日本支部にあたる日本国際児童図書評議会(Japan Board on Books for Young People，略称JBBY)は，74年の設立．現在は，一般社団法人として，国際交流を中心に活動．(〒162-0828　東京都新宿区袋町6　日本出版クラブ会館内　電話03-5228-0051，Eメール jbby-info@jbby.org)．

197 イエラ・レップマン(Jella Lepman, 1891〜1970)　ドイツ・シュトゥットガルト生まれ．31歳で戦争未亡人となり，ジャーナリストとして働きはじめる．ナチのユダヤ人迫害を逃れて，ロンドンに亡命．1945年にドイツに進駐した米軍に請われて，「女性と子どもの文化的・教育的問題に対するアドバイザー」としてドイツに帰国．戦後の荒廃した祖国で，子どもたちの精神の栄養となる本の大切さを訴えて国際児童図書展を開催し，それを契機に，ミュンヘンに国際児童図書館(Internationale Jugendbibliothek)を設立，また，スイスのチューリヒに国際児童図書評議会(前出)を設立した．

自伝『**子どもの本は世界の架け橋**』(原題 *Die Kinderbuchbrücke*, 森本真実訳，こぐま社，2002)は，「子どもの本を通じて国際理解を深め，平和な世界を」と願って，果敢に行動するレップマンの姿を生き生きと伝える．

205『中小都市における公共図書館の運営』(中小公共図書館運営基準委員会報告，社団法人日本図書館協会，1963)

205 有山崧(ありやま・たかし，1911〜1969)　日本図書館協会の事務局長を経て，1965年に東京都日野市長となり，日本の公共図書館発展の牽引車となる日野市立図書館を創設．

206『市民の図書館』(日本図書館協会，1970)　前川恒雄が原案を執筆し，当時の図書館界の主だった人たちが補筆して編集したもの．増補版は1976年の出版．

206 前川恒雄(まえかわ・つねお，1930〜　　)　日野市立図書館の初代の館長．滋賀県立図書館長．理論と実践を重ね合わせて日本の公共図書館をリードした．『**図書館の発見**』(石井敦との共著，NHKブックス，1973)等の著作を通して図書館の必要と将来像を説き，啓蒙的役割を果たす．

209 竹貫少年図書館　作家竹貫佳水(たかぬき，あるいは，たけぬき・かすい，1875〜1922)が1906年に，自宅に開いた子ども図書館．場所は，現在の東京青山で，佳水は，ここで「竹貫育児園」という孤児養護施設を運営しており，図書館はその副事業

という．700冊ほどの蔵書は，子どもたちが自由に手に取ってたのしめるよう，すべて開架してあった．時折口演童話の大家巖谷小波がお話をしに来たりもしたという．13年ごろまでつづいたらしいが確かなことは不明．

209 佐野友三郎（さの・ともさぶろう，1864〜1920）　群馬県出身．東京帝国大学中退．1900年に，同窓の武田千代三郎が秋田県知事になったとき，請われて新設の秋田県立秋田図書館の館長に就任．巡回文庫の創設を計画するなど意欲的に仕事をはじめたが，03年に武田が山口県知事に転任する際，再び山口県立図書館長に就任．はじめて児童へのサービスに取り組むという，時代を先取りした試みに挑戦．

佐野の業績については，1948年に山口県立山口図書館が発行した**『初代館長佐野友三郎氏の業績』**という小冊子が，83年に復刻されている．また，佐野の発表した図書館に関する論文が，日本図書館協会の個人別図書館論選集の1冊に**『佐野友三郎』**（日本図書館協会，1981）としてまとめられており，佐野の人と業績について，編者の石井敦による丁寧な解説がある．

210『米國圖書館事情』　山口県図書館協会80周年記念として，同協会の編集・発行により，1989年に復刻版を刊行．

212 今澤慈海（いまざわ・じかい，1882〜1968）　愛媛県出身．東京帝国大学哲学科卒業．1908年，開館と同時に東京市立日比谷図書館に就職．14年に館長となり，20年間在職．18年に竹貫直人（佳水）との共著**『児童図書館の研究』**を博文館から刊行．

213 ポール・アザール（Paul Hazard, 1878〜1944）　フランスの文学史家．リヨン，ソルボンヌ，コレージュ・ド・フランスの教授を歴任した中世文学や，比較文学の権威．

213『本・子ども・大人』（ポール・アザール著，矢崎源九郎・横山正矢訳，紀伊國屋書店，1957）　リリアン・スミスの**『児童文学論』**と並んで，児童文学研究の古典となっている書物．

215 アンドリュー・カーネギー（Andrew Carnegie, 1835〜1919）
貧しい移民の境遇から身を興し，鉄鋼業で大成功を収めた立志

伝中の人物．大富豪になったのち，図書館をはじめ多くのフィランソロピー活動に私財を投じたことで知られている．**『カーネギー自伝』**(坂西志保訳，中公文庫)がある．

217 ウイリアム・フレッチャー(William I. Fletcher, 1844～1917) 書誌，索引の作成・研究に貢献したことで知られるアメリカの図書館員．1891～92 年度のアメリカ図書館協会会長．

217 キャロライン・ヒューインズ(Caroline M. Hewins, 1846～1926)　マサチューセッツ生まれ．29 歳でコネティカットのハートフォードの青年図書館——のちにハートフォード公共図書館に発展——に就職し，死ぬまで 50 年間働く．アメリカの図書館で，初めて児童をサービスの対象にし，それを全米に広めていった功績は高く評価され，アメリカ図書館界の「20 世紀の最も重要な 100 人の指導者」のひとりに選ばれている．

217 アン・キャロル・ムーア(Anne Carroll Moore, 1871～1961) メイン州生まれ．上記ヒューインズとともに，アメリカの図書館に児童サービスを定着させた指導者．図書館員としてだけでなく，児童文学の評論家としても活躍．長らくニューヨーク公立図書館で児童部長の任にあった．1954 年には，石井桃子さんがムーアを訪ねている．そのときの様子は，『児童文学の旅』(石井桃子著，岩波書店，1981)のなかに描かれている．

218 フランシス・クラーク・セイヤーズ(Frances Clarke Sayers, 1897～1989)　ムーアのあとを継いでニューヨーク公共図書館の児童部長をつとめた児童図書館界の指導者．ムーアの伝記 *Anne Carroll Moore*(Hamish Hamilton, 1972)の執筆者．カリフォルニア大学ロスアンジェルス校の図書館学科をはじめ，各地の大学で教え，活発な執筆・講演活動で，1940 年代から 80 年代にかけての児童図書館界をリードした．アニメ化によって児童文学の名作をゆがめたとしてウォルト・ディズニーを批判したインタビュー “Walt Disney Accused”（邦訳**『ウォルト・ディズニーの功罪』**八島光子訳，子ども文庫の会，1967)は有名．

218 リリアン・スミス(Lillian H.Smith, 1887～1983)　カナダ・オ

ンタリオ生まれ．1911年にニューヨーク公共図書館に入り，ムーアのもとで児童サービスを学んだのち，トロント公共図書館に招かれ，カナダの図書館で児童サービスを開始．「少年少女の家」と名づけた独立した児童室を設け，カナダとアメリカ両方の児童図書館活動の中心として活躍した．

質のよい子どもの本を選ぶことに力を注ぎ，長年の経験をふまえて，1953年にアメリカ図書館協会から児童図書選択の教科書となる**『児童文学論』**(原題 *The Unreluctant Years: A Critical Approach to Children's Literature*)を発表．石井桃子さんとは，長年にわたる親交があり，**『児童文学の旅』**(前出)には，スミスさんはじめ，トロントの児童図書館員とのあたたかな交流が記述されている．

218『児童文学論』(リリアン・スミス著，石井桃子・瀬田貞二・渡辺茂男訳，岩波書店，1964)

227 村岡花子(むらおか・はなこ，1893～1968)　山梨県生まれ．カナダ人宣教師の建てたミッションスクール東洋英和女学校で英語を学び，モンゴメリーの『赤毛のアン』シリーズをはじめ，数多くの英米児童文学の翻訳で知られている．幼くして亡くなった息子さんの名をとって「道雄文庫ライブラリー」と名づけた家庭文庫を開き，石井桃子さんとともに，家庭文庫研究会を結成し，文庫の普及と，子どもの読書をすすめる活動に尽力．お孫さんにあたる村岡恵理さんによる伝記**『アンのゆりかご――村岡花子の生涯』**(マガジンハウス，2008)がある．

228 家庭文庫研究会　ともに自宅に家庭文庫を開いていた石井桃子，村岡花子，土屋滋子ら7人のメンバーが，1957年に結成した団体．文庫運営者を中心に，子どもの本に興味をもつ人たちが，子どもたちの読書の向上をはかるために相互に連絡し，研究しあうことを目的に，会報を発行し，アジア財団の助成を受けて全国の文庫に本を贈るなどの活動を行った．また，福音館書店と協力して，**『100まんびきのねこ』**，**『いたずらきかんしゃちゅうちゅう』**など，文庫で人気のあった本を翻訳・

出版し，その後の海外の絵本の日本への紹介に道をつけた．1965年に児童図書館研究会に合流する形で活動の幕を閉じた．

228 わんぱく文庫　ボランティアとして子ども文庫活動をしていた福山恭子さんが，視覚障害をもつ子どものために1981年に開いた文庫．現在は，大阪府立中央図書館内に置かれ，点訳絵本，本，テープなど1500タイトルを備えて，貸出しをしている．（〒577-0011　大阪府東大阪市荒本北1-2-1　大阪府立中央図書館　子ども資料室気付　http://www.library.pref.osaka.jp/kodomo/wanpaku.html）．

228 ふきのとう文庫（公益財団法人ふきのとう文庫）　1970年に，もと岩波書店児童書編集者の小林静江さんが，北海道江別市の自宅に開いた身体障害児のための文庫がはじまり．2011年に公益財団法人となり，13年に現在の場所に移転し，布の絵本や，拡大絵本の製作，病院内文庫の設置運動などの活動を展開．（〒060-0006　北海道札幌市中央区北6条西12丁目8番3　電話：011-222-4839，ファックス：011-222-4800，http://www.fukinotou.org/　Eメール：fukinotoubunko@ceres.ocn.ne.jp）．

229 てんやく絵本ふれあい文庫・岩田美津子　ご自身全盲の岩田美津子さんが，幼い息子さんに「本読んで！」といわれたことがきっかけで，視覚障害をもつお父さんやお母さんも，子どもたちに絵本を読んであげられるように，塩化ビニールの透明なシートに点字を打ち込み，それを絵本に貼りつける方法を生み出した．1984年に，自宅に「点訳絵本の会　岩田文庫」を開き，全国へ貸出をはじめる．91年に「てんやく絵本ふれあい文庫」と名称を改め，2012年に特定非営利活動法人となる．（〒550-0002　大阪市西区江戸堀1-25-35　近商ビル2階　電話・ファックス：06-6444-0133，http://homepage1.nifty.com/fbunko/）．

229 国際児童文庫　1977年，英語圏の国から帰国したバイリンガルの子どものために，創設者オパール・ダン（Opal Dunn）さんが，英語の本を備え，英語によるプログラムを行う文庫

「だんだん文庫」を開設．つづけてドイツ語，フランス語による文庫もはじまって，79年には国際児童文庫協会（International Children's Bunko Association，略してICBA）が発足した．

2014年末の時点で，日本国内には3言語10文庫，海外には日本語文庫が，8か国に50文庫を数える．（連絡先：〒162-0823 東京都新宿区神楽河岸1-1セントラルプラザ10階　東京ボランティア・市民活動センター　メールボックス＃36，http://www.icba-1979.org/　Eメール：icba@g00.itscom.net）．

230『子どもの豊かさを求めて――全国子ども文庫調査報告書』（全国子ども文庫調査実行委員会編，日本図書館協会，1984）報告書2は1989年に，3は1995年に，それぞれ日本図書館協会から刊行．

232 伊藤忠記念財団　1974年に青少年の健全育成を目標に設立された助成財団．国内外の子ども文庫への助成に加え，現在は電子図書普及事業（障害児への読書支援）を行っている．（〒107-0061　東京都港区北青山2-5-1伊藤忠ビル5F，電話：03-3497-2651，ファックス：03-3470-3517，http://itc-zaidan.or.jp/）．

232 子どもBUNKOプロジェクト　伊藤忠記念財団と東京子ども図書館が双方の設立30周年を記念する事業として計画し，2001年から3年間（実際には4年間）にわたって行われた共同事業．全国の文庫の実態を把握するためのアンケート調査と，30年以上活動をつづけている各都道府県の文庫90か所を訪問しての聞き取り調査を行った．

236 高知こどもの図書館　市内に住む穂岐山禮さんが主宰しておられたホキ文庫の蔵書1万5000冊をもとに，1999年にスタートした私立図書館．県から施設の提供を受けているが，運営はすべて民間の手で行われている．（〒780-0844　高知県高知市永国寺町6-16，電話：088-820-8250，ファックス：088-820-8251，http://wwwa/pikara.ne.jp/kodomonotoshokan/）．

236 うれし野こども図書室　1977年以来，活動をつづけている民間の子どもの読書推進団体．2000年に特定非営利活動法

人になった．11年の東日本大震災後，陸前高田市竹駒に，分館「ちいさいおうち」を開設．三陸海岸沿いの被災地で，読書を通じた子どもたちへの支援活動を展開している．（〒020-0885 岩手県盛岡市紺屋町7-1，電話・ファックス：019-654-3759）．

245 ケネス・ボールディング（Kenneth Boulding, 1910〜1993）イギリス生まれの経済学者，詩人．オクスフォード大学卒業．アメリカに移り，コロラド大学教授などを歴任．著書は多数あるが，ここに引用したのは，清水幾太郎訳の**『20世紀の意味——偉大なる転換』**（岩波新書，1967）のなかの一節．

あとがき

249 ***Caught in the Act***（*Caught in the Act: The Decisive Reading of Some Notable Men and Women and Its Influence on Their Actions and Attitudes,* by Edwin Castagna. The Scarecrow Press, Inc. 1982）　邦訳はありませんが，「こどもとしょかん」101号（2004年春号）に，山口由美と中野百合子の二人の研修生による本書講読の報告「長い鎖と時限爆弾」が掲載されている．

昔話の本
―子どもたちに昔話を読んで聞かせようとお思いになった方のために―

昔話を絵本にしたものはたくさん出ていますが，そして，よいものも多いのですが，読んでおあげになるなら，小さいお子さんでも，むしろ絵のない，あるいはあまり挿絵のついていない本をお使いになるようおすすめします．以下，全国の，子どもたちにお話を語っているボランティアの語り手の方々がよく使っている昔話集を挙げてみました(順不同)．これはたくさんある昔話集のごく一部です．昔話に興味のある方，もっと読みたい方は，図書館で探してみてください．日本各地の昔話を地域別に集めたもの，世界の珍しい地域や民族のものなど，おとな向けの昔話集も，数多く出版されています．

『**おはなしのろうそく 1〜**　』東京子ども図書館，1973〜

手のひらにのる大きさ(ハガキ大)の，お話集．東京子ども図書館で，子どもたちに語って聞かせたもののなかから，子どもたちに喜ばれたものを選んで小冊子にしたもの．

48 ページの薄い冊子のなかに，5 つから 6 つのお話，ときにはわらべうた，遊びうた，なぞなぞなどを収めている．創作のお話も入っているが，ほとんどは日本と世界各国の昔話．

「**愛蔵版　おはなしのろうそく 1〜**　」東京子ども図書館，1997〜

小冊子『おはなしのろうそく』の 2 冊分を 1 冊にまとめて単行本としたもの．ルビをつけ，挿絵をふやしてあり，子どもが自分で読むこともできる．2014 年末現在『**エパミナンダス**』，『**なまくらトック**』，『**ついでにペロリ**』，『**ながすね ふとはら がんりき**』，『**だめといわれてひっこむな**』，『**ヴァイノと白鳥ひめ**』，『**雨のち晴**』，『**赤鬼エティン**』，『**ホットケーキ**』，『**まめたろう**』の 10 冊が出ている．小冊子の

20冊分.

「子どもに語る○○の昔話」シリーズ　全23巻，こぐま社，1990〜2013

『子どもに語るグリムの昔話』全6巻をはじめ，「日本」(3巻)，「アジア」(2巻)，「アイルランド」，「トルコ」，「北欧」，「イタリア」，「モンゴル」，「ロシア」，「中国」，「イギリス」の昔話に，「アラビアンナイト」，「日本の神話」，「アンデルセンのお話」(2巻)を加えたシリーズ．それぞれの国の伝承文学の専門家と語り手がチームを組んで，「子どもに語る」ことを念頭に，話を選び，翻訳・編集・再話している．

『イギリスとアイルランドの昔話』石井桃子編・訳，福音館書店，1981

『子どもに聞かせる世界の民話』矢崎源九郎編，実業之日本社，1964

この中の42話を収録した低中学年向きの**『こども世界の民話　上・下』**もある．

『日本のむかしばなし』瀬田貞二文，のら書店，1998
『世界のむかしばなし』瀬田貞二訳，のら書店，2000

「岩波おはなしの本」岩波書店，1963〜

『かぎのない箱』(フィンランド)，**『カラスだんなのおよめとり』**(エスキモー)，**『山の上の火』**(エチオピア)，**『りこうなおきさき』**(ルーマニア)，**『まほうの馬』**(ロシア)，**『白いりゅう　黒いりゅう』**(中国)，**『ポルコさまちえばなし』**(スペイン)，**『天からふってきたお金』**(トルコ)，**『ものいうなべ』**(デンマーク)，**『千びきのうさぎと牧童』**(ポーランド)など，世界各国のお話集．

『日本の昔話』 全5巻，小澤俊夫再話，赤羽末吉絵，福音館書店，1995

「1 はなさかじい」，「2 したきりすずめ」，「3 ももたろう」，「4 さるかにかっせん」，「5 ねずみのもちつき」

『日本のむかし話』 全3巻，松谷みよ子著，講談社(青い鳥文庫)，1981

『かもとりごんべえ――ゆかいな昔話50選』 稲田和子著，岩波書店(岩波少年文庫)，2000

『わらしべ長者――日本民話選』 木下順二作，岩波書店(岩波少年文庫)，2000

そのほか，おとな向けのものですが，語り手の方たちがよく使っているものに，以下のものがあります．

『日本昔話百選』 稲田浩二・稲田和子編著，三省堂，1971

「日本の昔ばなし」 全3冊，関敬吾編，岩波文庫，1975

『桃太郎・舌きり雀・花さか爺』，『一寸法師・さるかに合戦・浦島太郎』，『こぶとり爺さん・かちかち山』

『新編世界むかし話集』 全10巻，山室静編著，社会思想社(現代教養文庫)，1976～

「1 イギリス」，「2 ドイツ・スイス」，「3 北欧・バルト」，「4 フランス・南欧」，「5 東欧・古代」，「6 ロシア・西スラブ」，「7 インド・中近東」，「8 中国・東アジア」，「9 アフリカ」，「10 アメリカ・オセアニア」

東京子ども図書館について

1955年，東京世田谷区上北沢に住むひとりの主婦が，近所の子どもたちに，「うちにいらっしゃい．本がありますよ」と呼びかけたのが，そもそものはじまり．その主婦土屋滋子は，翌56年に中央区入船にも2つ目の「土屋児童文庫」を開く．本好きの少女の夢が実現した，本でいっぱいの部屋であった．

少し遅れて1958年に，作家，翻訳家，編集者として子どもの本をつくる立場にあった石井桃子が，杉並区荻窪の自宅に「かつら文庫」を開設する．1年にわたる欧米の児童書出版と図書館活動の視察のあと，子どもの本をよくするためには図書館が大切な役割を果たすことを知って，小じかけであっても，くつろいだ雰囲気のなかで，子どもが自由に本を読むとき，どんなことが起こるかを自分の目で見たいと開いたものだった．

1967年には，アメリカで児童図書館員として働く経験を得た松岡享子が，学んできた児童サービスを実践するために，中野区の自宅に「松の実文庫」を開いて仲間に加わる．

東京子ども図書館は，この4つの家庭文庫で働く仲間たちの願いが形になって1974年に生まれた．以来，私立の子どもの読書専門の図書館として，子どもへのサービスだけでなく，子どもと本を結ぶ仕事をするおとなのために，資料室の運営，講演・講座の開催，出版など，さまざまな活動をつづけている．

設立20周年を機に，中野の現在地に独立の建物を建設し，子どもと本の世界で働く人材の育成，在日外国人の子どもや，東日本大震災の被災地の子どもたちのための読書支援など，活動の幅を広げている．2010年には，内閣府より公益財団法人の認可を得た．詳細についてのお問い合わせは下記へ．

所在地：〒165-0023　東京都中野区江原町1-19-10
電話：03-3565-7711／ファックス：03-3565-7712／URL http://www.tcl.or.jp

東京子ども図書館のブックリスト

長年，子どもといっしょに本を読んできた経験に基づいたリストです．お使いになる目的に合わせてお選びの上，ご活用ください．新刊書については，季刊の機関誌「こどもとしょかん」に，毎号新刊あんないと書評を掲載していますので，ご参考になさってください．

『今，この本を子どもの手に』東京子ども図書館編，A5判，192頁，2015

東日本大震災のあと，震災で蔵書を失った図書館の児童室，学校図書館，子ども文庫などが活動を再開するときの手がかりに，また，被災地へ本を贈ろうとする人たちの本選びの参考にと，2011年8月から1年半かけて，つくりあげてきたリストを再編集したもの．日本中どこにいる子どもたちにも，今，届けたい（入手可能な）本を1000冊，絵本，昔話，詩，物語，ノンフィクションをバランスよく，対象年齢にも，難易度にも偏りのないように配慮して選んでいる．

『絵本の庭へ』（児童図書館基本蔵書目録 1）東京子ども図書館編，A5判，400頁，2012

副題の通り，どこの図書館の児童室にも備えておいてほしい絵本のリスト．半世紀にわたって子どもたちとたのしんできた絵本のなかから1157冊を厳選．戦後の絵本出版の果実が一望できるように編纂した．一冊一冊に解題をつけ，対象年齢を示すマーク，読み聞かせに向くものには読み聞かせマークをつけた．子どもの興味にそって選ばれたキーワードによる1654項目にのぼる件名索引が特長．

『子どもの本のリスト——「こどもとしょかん」新刊あんな

い 1990〜2001 セレクション』 東京子ども図書館編，A5 判，211 頁，2004

機関誌「こどもとしょかん」で推薦した新刊書を再度検討して，特におすすめの 764 冊を選んだもの．絵本，フィクションだけでなく，伝記やノンフィクションも収録している．詳細な件名索引つき．

『子どもと本をつなぐあなたへ——新・この一冊から』「新・この一冊から」をつくる会編，B6 判，72 頁，2008

新人児童図書館員やボランティアに向けたリスト．ベテラン児童図書館員たちが，後輩にぜひこれだけは読んでほしいという作品を，絵本，フィクション，昔話・神話，詩・わらべうた，伝記・エッセイ，ノンフィクション，児童奉仕を理解するために，の 7 つのジャンルから全部で 41 冊選んで，紹介している．

『改訂新版・私たちの選んだ子どもの本』 東京子ども図書館編，A6 判，251 頁，2012

1966 年に石井桃子，瀬田貞二を中心にした「子どもの本研究会」が出したリストを東京子ども図書館が引き継いだもの．古典を軸に，質の良い，永続きするたのしみを与えてくれる絵本，昔話，物語 687 冊を，幼児から中学生までの年齢別に紹介．長い歴史をもち，多くの親子に活用されてきたブックリストの“定番”．

*「こどもとしょかん」定期購読は，1 年分 3600 円(発送費込み)

*リストの購入，機関誌の購読申込み方法は，東京子ども図書館にお問い合わせください．(電話：03-3565-7711　火曜日〜土曜日　午前 10 時〜午後 5 時)